Astrid Wiese

Klett

Noten ok!

Deutsch 5./6. Klasse

Kurztests wie in der Schule

Klett Lerntraining

Bibliografische Information der Deutschen Nationalbibliothek
Die Deutsche Nationalbibliothek verzeichnet diese Publikation in der Deutschen Nationalbibliografie; detaillierte bibliografische Daten sind im Internet über http://dnb.dnb.de abrufbar.

Auflage 3 2 1 | 2017 2016 2015
Die letzten Zahlen bezeichnen jeweils die Auflage und das Jahr des Druckes.

www.klett-lerntraining.de
Coverillustration: Shutterstock (phloen), New York, NY
Umschlaggestaltung und Innenlayout: Sabine Kaufmann, Stuttgart
Teamleiterin Lernhilfen Sekundarstufe 1: Christine Sämann
Satz: tebitron gmbh, Gerlingen
Druck: medienhaus Plump GmbH, Rheinbreitbach
Printed in Germany
ISBN 978-3-12-927289-3

9 783129 272893

Hallo liebe Schülerin, hallo lieber Schüler!

In diesem Buch findest du Kurztests, mit denen du dich immer mal wieder zwischendurch oder zur Vorbereitung auf eine Klassenarbeit testen kannst.
Du kannst hier deinen Wissensstand vor dem Lernen prüfen, um zu erfahren worauf du dich noch intensiver vorbereiten solltest. Oder du testest dich nach dem Lernen, um sicher zu sein, dass du den Stoff für deine Klassenarbeit wirklich kannst.

So gehst du mit diesem Buch um:

1. Im Inhaltsverzeichnis sind alle **wichtigen Themen** übersichtlich aufgelistet. Im Buch selbst findest du die Themen immer im Balken am oberen Seitenrand.
   Hier kannst du ganz gezielt das entsprechende Thema aussuchen, in dem du dich testen möchtest. Du musst also das Buch nicht von vorne nach hinten durcharbeiten.

2. Alle Kurztests sind in 3 Schwierigkeitsstufen eingeteilt. An den drei Kreisen erkennst du, ob ein Kurztest leicht ●○○, mittelschwierig ●●○ oder schwierig ●●● ist.

3. Wenn du einen Kurztest bearbeitet hast, kannst du anhand der **Lösungen** überprüfen, ob du alles richtig gemacht hast. Die Lösungen zu jedem Kurztest stehen auf dem Kopf unten auf jeder Seite.

4. Um festzuhalten, wie gut du in deinem bearbeiteten Kurztest warst, kannst du den passenden Smiley ☺ 😐 ☹ direkt beim Test abhaken.

Viel Erfolg bei deinem Kurztest und in deiner Klassenarbeit in der Schule wünscht dir

die Klett Lerntraining-Redaktion

1 ●○○ Vor dem Diktat

So gut war ich.

Beim Diktat darfst du natürlich nicht abschreiben, aber vorher ist es eine gute Übung. Schreibe folgende Wörter richtig ab.

somit, Konzentration, Brotlaib, Ananas, Paket, hinzukommen, Kuckuck, abschreiben, Reise, leer, Katze, reif, Boot, stören, herausfinden, räumen, Rechenaufgabe, toll, Katastrophe, Ofen, Aal, Riese, mies, Ruß, Freude, Keule, Räuber

2 ●●○ Sina, schau hin!

So gut war ich.

(a) Sina wollte mit der ersten Übung ganz besonders schnell fertig werden. Es ist jedoch nichts Gutes dabei herausgekommen. Decke den Kurztest 1 mit einem Blatt ab und unterstreiche alle Fehler, die Sina gemacht hat.

somitt, Kontzentration, Brotleib, Annanas, Packet, hin-zukommen, Kukuk, abschraiben, Reiße, lehr, Kattze, raif, Boht, stöhren, heraus-finden, reumen, Rächenaufgabe, tol, Katastrofe, Oofen, Ahl, Riehse, mis, Ruhs, Fräude, Käule, Reuber

(b) Schreibe nun alle Wörter, die Sina falsch geschrieben hat, richtig auf die Linien. Lass den Kurztest 1 dabei abgedeckt.

2 (a) somitt, Kontzentration, Brotleib, Annanas, Packet, hin_zukommen, Kukuk, abschraiben, Reiße, lehr, Kattze, raif, Boht, stöhren, heraus_finden, reumen, Rächenaufgabe, tol, Katastrofe, Oofen, Ahl, Riehse, mi_s, Ruhs, Fräude, Käule, Reuber

3 ●○○ Wer mit wem?

So gut war ich.

Kreuze in jeder Zeile die Wörter an, die miteinander verwandt sind.

a) Buch	X	Bücherregal	X	Pizza	
b) Wette	X	gehen		wetten	X
c) rufen		spielen	X	Spielzeug	X
d) halten	X	Anhalter	X	stoppen	
e) hoffen	X	Hoffnung	X	reisen	
f) kalt	X	Kälte	X	Sommer	
g) Riese	X	groß		riesig	X
h) erst		früh	X	Frühe	X
i) essen		speisen	X	Speise	X
j) Musik	X	laut		musikalisch	X

4 ●●○ Ein Zuschauer schaut, ein Schauspieler spielt

So gut war ich.

Es gibt zwei Tricks, um sich die Schreibweise besonders schwieriger Wörter besser merken zu können.
1. Schreibe die kniffligen Wörter mehrmals ab. Konzentrieren, Konzentrieren
2. Suche die Verwandten dieser Wörter.
Wende jetzt den zweiten Trick an und suche zu den folgenden Wörtern jeweils zwei weitere Verwandte.

Haus, schreiben, konzentrieren, sicher

Gehäuse, Hausbau, Häuser

schreiben, schreib, Schreibmaschine

konzentrieren, Konzentraion

sicher, Sicherheit, Sicherheitsdienst

3 a) Buch, Bücherregal; **b)** Wette, wetten; **c)** spielen, Spielzeug; **d)** halten, Anhalter; **e)** hoffen, Hoffnung; **f)** kalt, Kälte; **g)** Riese, riesig; **h)** früh, Frühe; **i)** speisen, Speise; **j)** Musik, musikalisch
4 schreiben: z. B. Schreiber, Schreibmaschine; **konzentrieren:** z. B. Konzentration, Konzentrationsschwierigkeiten;
sicher: z. B. sichergehen, Sicherheit

5 ●○○ Folgerichtig

So gut war ich. ☺ 😐 ☹

Ob ein Wort mit *äu* oder mit *eu* geschrieben wird, hängt ganz davon ab, ob das verwandte Wort mit *au* oder *eu* geschrieben wird. Setze *äu* und *au* in die Lücken ein.

a) B au m → B äu me

b) Tr au m → Tr äu me

c) L au f → L äu fe

d) H au s → H äu ser

e) R au m → r äu men

Vel

6 ●●○ Was ist anders in Kleinhausen?

So gut war ich. ☺ 😐 ☹

In Kleinhausen ist alles viel kleiner als in Größingen. Darum gibt es auch keine Häuser, sondern nur Häuschen. Ergänze die Tabelle.

Größingen	Kleinhausen
Wald	*Wäldchen*
Hand	Händchen
Wand	Wändchen
Rad	Räder Rädchen
Laden	Läden Lädchen
Kasten	Kästen Kästchen
Bank	Bänke Bänkchen
Schrank	Schränke Schränkchen

Vel

7 ●●○ Einmal nach Kleinhausen, bitte!

So gut war ich. ☺ 😐 ☹

Und wie heißen diese Dinge in Größingen?

Größingen	Kleinhausen
Hase	Häschen
Maus	Mäuschen
Haus	Häuschen
Laus	Läuschen

8 ●●● Noch mehr Verwandtschaft

So gut war ich. ☺ 😐 ☹

Wenn du nicht genau weißt, wie ein Wort geschrieben wird, kann auch hier der „Verwandtschaftstest" helfen. So wird z. B. ein Wort, das einen Verwandten mit *a* hat, mit *ä* und nicht mit *e* geschrieben.
Finde bei den folgenden Wörtern ein verwandtes Wort, das dir weiterhilft. Schreibe zuerst das verwandte Wort auf und kreuze dann die richtige Schreibweise an.

a) treumen	○	träumen	☒	Traum
b) händeringend	☒	henderingend	○	Hand
c) Steuer	☒	Stäuer	☒	(Stau) Steuern
d) Käufer	☒	Keufer	○	Kauf
e) besteuben	○	bestäuben	☒	Staub
f) Pfefferstreuer	☒	Pfefferstreuer	☒	(Strauch) Streuen
g) kräftig	☒	kreftig	○	Kraft
h) Feulnis	○	Fäulnis	☒	Faul
i) bleulich	○	bläulich	☒	blau
j) Faigheit	○	Feigheit	☒	Feige

7 Hase, Maus, Haus, Laus
8 a) Traum – träumen; **b)** Hand – händeringend; **c)** steuern – Steuer; **d)** kaufen – Käufer; **e)** Staub – bestäuben; **f)** streuen – Pfefferstreuer; **g)** Kraft – kräftig; **h)** faul – Fäulnis; **i)** blau – bläulich; **j)** feige – Feigheit

9 ●○○ Wörter verlängern

So gut war ich. ☺ 😐 ☹

Wenn du nicht sicher bist, ob ein Wort mit *t* oder *d*, mit *g* oder *k* oder mit *b* oder *p* am Ende geschrieben wird, dann hilft es oft, das Wort zu verlängern. Wenn man das verlängerte Wort spricht, hört man meistens ganz deutlich, auf welchen Buchstaben das Wort endet.
Bei den folgenden Wörtern fehlt der letzte Buchstabe. Verlängere zunächst das Wort, sprich es laut aus und setze dann den richtigen Buchstaben ein.

a)	Wälder	Wal d	b)	Kälte	kal t
c)	Helden	Hel d	d)	Teige	Tei g
e)	Stege	Ste g	f)	Tage	Ta g
g)	Lobenswert	Lo b	h)	Körbe	Kor b
i)	tanken	Tan k	j)	Halbieren	Hal b
k)	sandig	San d	l)	Wände	Wan d

10 ●●● Verwandtschaft suchen oder verlängern?

So gut war ich. ☺ 😐 ☹

Prüfe zunächst mit einer Wortverwandtschaft oder einer Wortverlängerung, mit welchen Buchstaben die Lücken gefüllt werden müssen. Schreibe dein „Helferwort" unten auf. Setze anschließend die fehlenden Buchstaben in den Text ein.

In der Schule haben wir heute Märchen gelesen. Anschließend sollten wir pro Gruppe ein **(a)** Plaka t für die **(b)** W ä nde im Klassenzimmer gestalten. Darauf sollte jeweils ein Märchen zu sehen sein. Viele sind leider nicht **(c)** ferti g geworden, sodass die Mauern immer noch etwas **(d)** kal t wirken. Aber morgen ist auch noch ein **(e)** Ta g, an dem wir an unserem Wandschmuck arbeiten können.

(a) Plakat

(b) Wände – Wand

(c) fertig

(d) kalt

(e) Tag

9 a) Wald – Wälder; **b)** kalt – Kälte; **c)** Held – Helden; **d)** Teig – teigig; **e)** Steg – Stege; **f)** Tag – Tage; **g)** Lob – lobenswert; **h)** Korb – Körbe; **i)** Tank – tanken; **j)** Halt – halten; **k)** Sand – sandig; **l)** Wand – Wände
10 (a) t – Plakate; **(b)** d – Wand; **(c)** g – fertigen; **(d)** t – kälter; **(e)** g – Tage

11 ●○○ Toms Problem

So gut war ich. ☺ 😐 ☹

Manchmal hilft es, sich ein Wort silbenweise vorzusagen. Tom kennt diesen Trick auch. Er ist allerdings etwas ungeschickt, wenn es darum geht, die einzelnen Silben eines Wortes zu erkennen. Hilf Tom und unterstreiche alle falsch zerlegten Wörter.

Heuernte, Waldlehrpfad, Kontoauszüge, Füllfederhalter, Rotkehlchen, Luftschloss, außergewöhnlich, Fabrikarbeiter, unbedingt, Sommerurlaub, Flugzeugreparatur, Silbentrennung, Märchenstunde, Geburtstagsfest, Wettstreit, Besonderheit, hier, Lampenfieber

a) Heu – ern – te	b) Wa – ld – lehr – pfad	c) Ko – nto – aus – züge
d) Füll – feder – hal – ter	e) R – ot – kehlchen	f) Luft – schloss
g) au – ßer – ge – wöhn – lich	h) Fa – brik – ar –bei – ter	i) un – be – dingt
j) So – mmer – ur –laub	k) Flu – gzeug – reparatur	l) We – tt – streit
m) Sil – ben – tren – nung	n) Mär – chen – stun – de	o) h – ier
p) Geburtstags – fest	q) Be – son – der – heit	r) Lam – pen – fie – ber

12 ●●○ Hilfe für Tom

So gut war ich. ☺ 😐 ☹

Hilf Tom noch einmal und trenne die Wörter richtig, die im Kurztest 11 falsch waren.

Heu-ern-te, Wald-lehr-pfad, Kon-to-aus-zü-ge, Füll-fe-der-hal-ter, Rot-kehl-chen, Luft-schloss, au-ßer-ge-wöhnlich, Som-mer-ur-laub, Flug-zeug-re-pa-ra-tur, Wett-streit, hier, Ge-burts-tags-fest.

11 b) Waldlehrpfad, **c)** Kontoauszüge, **d)** Füllfederhalter, **e)** Rotkehlchen, **j)** Sommerurlaub, **k)** Flugzeugreparatur, **l)** Wettstreit, **o)** hier, **p)** Geburtstagsfest

12 Wald – lehr – pfad, Kon – to – aus – zü – ge, Füll – fe – der – hal – ter, Rot – kehl – chen, Som – mer – ur – laub, Flug – zeug – re – pa – ra – tur, Ge – burts – tags – fest, Wett – streit, hier

13 ●○○ Wörter zerlegen

So gut war ich. ☺ 😐 ☹

Zerlege die folgenden Wörter in ihre Bestandteile.

a) Kopfbedeckung
b) Feldarbeit
c) Kinobesuch
d) Tischdecke
e) Feuerreiter
f) Sauerstoffflasche
g) Schifffahrt
h) Schuhhandel
i) Kaugummi
j) Suppenkelle
k) Kammmacher
l) Bleistift

a) Kopf + bedeckung
b) Feld + arbeit
c) Kino + besuch
d) Tisch + decke
e) Feuer + reiter
f) Sauerstoff + flasche
g) Schiff + fahrt
h) Schuh + handel
i) Kau + gummi
j) Suppen + kelle
k) Kamm + macher
l) Blei + stift

vel

14 ●○○ Viele unnötige Hinweise

So gut war ich. ☺ 😐 ☹

Entscheide, ob die Tipps zur Rechtschreibung richtig oder falsch sind.

a) Man kann die Wörter fragen, wie sie geschrieben werden.

richtig ○ falsch ☒

b) Man sollte raten.

richtig ○ falsch ☒

c) Man kann verwandte Wörter suchen.

richtig ☒ falsch ○

d) Man zerlegt die Wörter in Silben oder in ihre Bestandteile.

richtig ☒ falsch ○

e) Man schaut den Wetterbericht.

richtig ○ falsch ☒

vel

13 b) Feld + arbeit; **c)** Kino + besuch; **d)** Tisch + decke; **e)** Feuer + reiter; **f)** Sauerstoff + flasche; **g)** Schiff + fahrt; **h)** Schuh + handel; **i)** Kau + gummi; **j)** Suppen + kelle; **k)** Kamm + macher; **l)** Blei + stift
14 Nur die Behauptungen **c)** und **d)** sind richtig.

15 ●○○ Zur Erinnerung

So gut war ich. ☺ 😐 ☹

Es gibt mehrere Strategien, um Rechtschreibfehler zu vermeiden. Lies dir die folgenden Strategien durch. Schreibe sie ab und versuche dann, sie auswendig aufzusagen. So wirst du sie dir bestimmt merken.

a) Man kann die Wörter richtig abschreiben.

Man kann die Wörter richtig abschreiben.

b) Man kann die Wörter in ihre Bestandteile zerlegen. (Sauerstoff + flasche)

Man kann die Wörter in ihre Bestandteile zerlegen

c) Man kann die Wörter verlängern. (Hand – Hände)

Man kann die Wörter verlängern.

d) Man kann die Wörter in ihre Silben zerlegen. (Fül – ler)

Man kann die Wörter in ihre Silben zerlegen.

16 ●●○ Welche Probe ist die richtige?

So gut war ich. ☺ 😐 ☹

Die folgenden Wörter sind schwierig, aber man kann mit der richtigen Rechtschreibprobe herausfinden, wie sie geschrieben werden. Entscheide dich für die richtige Rechtschreibprobe. Unterstreiche dann das richtig geschriebene Wort. (Tipp: Bei manchen Wörtern kann man zwei Rechtschreibproben anwenden.)

Wald / Walt: *verlängern (Wälder)*

a) Wärme/Werme: verkürzen (Warm)

b) halbherzig/halberzig:

c) Munt/Mund: verlängern (Münder)

d) Computerraum/Computeraum: zerlegen (Computer traum

16 a) verwandtes Wort finden (warm) → Wärme; **b)** Silbentrennung/in Bestandteile zerlegen (halb – her – zig/ halb + herzig) → halbherzig; **c)** verlängern (Münder) → Mund; **d)** in Bestandteile zerlegen (Computer + raum) → Computerraum

17 ●○○ Der Dackel Anton reißt aus

So gut war ich. ☺ 😐 ☹

Anton, der Dackel, geht gerne auf eigene Faust los. Umkreise die Vokale in den unterstrichenen Wörtern.

Anton ist Lindas Hund. Eigentlich ist er das treueste Haustier, das man sich nur wünschen kann, aber wenn Linda nicht genug Zeit für Anton hat, macht er sich ganz alleine auf die Socken … äh Pfoten. Neulich lief er ganz alleine am Flussufer entlang und bellte die Schiffe an, die vorbeifuhren. Auf den lustigen Hund aufmerksam geworden, rief ein Kapitän die Hafenpolizei, die sich um das herrenlose Tier kümmern sollte. Zum Glück trug Anton ein Halsband, auf dem stand, wem er gehört und wo er wohnt. Linda, die Anton schon überall gesucht hat, war erleichtert, als sie die Polizisten mit ihrem geliebten Tier sah. Seitdem verbringt Linda viel mehr Zeit mit Anton.

18 ●○○ Mathematik für Einsteiger

So gut war ich. ☺ 😐 ☹

Zähle die Vokale in den folgenden Wörtern und schreibe ihre Anzahl auf.

a) Hustenlutschpastillen 6
b) Kakteentopfuntersetzer 8
c) Wunderradiergummi 7
d) Suchspielanleitung 7
e) Motorbootführerschein 8
f) Dachrinnenhalteklammer 7
g) Fußrückenbedecktuch 6
h) Uhunestbaukunst 6
i) Schuhsohlenbürste 5
j) Kuhstalleingangstür 6

17 Linda, man, aber, Zeit, bellte, vorbeifuhren, aufmerksam, zum, Halsband, wo, erleichtert, ihrem, Anton
18 a) sechs; **b)** acht; **c)** sieben; **d)** sieben; **e)** acht; **f)** sieben; **g)** sechs; **h)** sechs; **i)** fünf; **j)** sechs

19 ●●○ Kurz gesprochen

So gut war ich. ☺ 😐 ☹

Entscheide, ob die unterstrichenen Vokale kurz gesprochen werden.

a) Fuß ja ○ nein ○

b) Nuss ja ○ nein ○

c) Rast ja ○ nein ○

d) Kohle ja ○ nein ○

e) Regen ja ○ nein ○

f) Last ja ○ nein ○

g) Kind ja ○ nein ○

h) Fest ja ○ nein ○

i) Ruhe ja ○ nein ○

j) Blut ja ○ nein ○

k) Hast ja ○ nein ○

20 ●●○ Wörter bilden

So gut war ich. ☺ 😐 ☹

Ordne den folgenden Buchstabensalat zu Wörtern mit einem kurzen Vokal.

a) sMit mist

b) ngRi Ring

c) ttBla Blatt

d) ttMae Matte

e) ssRi Riss

f) ssaKe Kasse

g) Lssoa Lasso

19 a) nein; **b)** ja; **c)** ja; **d)** nein; **e)** nein; **f)** ja; **g)** ja; **h)** ja; **i)** nein; **j)** nein; **k)** ja

20 a) Mist; **b)** Ring; **c)** Blatt; **d)** Matte; **e)** Riss; **f)** Kasse; **g)** Lasso

21 ●○○ Zwei Konsonanten im Gefolge

So gut war ich. ☺ 😐 ☹

Ein kurzer Vokal ist wie ein König. In den allermeisten Fällen folgen ihm nämlich mindestens zwei Konsonanten wie Diener. Unterstreiche die Konsonanten, die auf den kurzen Vokal folgen.

blass, Rast, Kasten, Katze, Petze, putzen, müssen, wissen, Matte, Kutte, Rippe,

schnuppe, Pappe, Kappe, verpesten, tasten, fast, Mist, Wasser

22 ●●○ Da fehlt doch was!

So gut war ich. ☺ 😐 ☹

Ergänze die fehlenden Vokale.

a) Kerstin spielt gerne H___ndball.

b) Uwe k___cht am liebsten für seine g___nze Familie.

c) Anna liebt tiefrote S___nnen___ntergänge.

d) Paul schaukelt ___mmer mit seinem Stuhl.

e) Hanna w___ll endlich ohne Eltern in Urlaub.

f) Joh___nna k___nn mit den Ohren wackeln.

g) Sina w___nscht sich einen Hamster.

h) Rolf bes___tzt einen Hamster.

i) Walter k___mmt meistens zu spät.

j) Lars m___chte B___cker werden.

k) Verena k___nn rückwärts spr___chen.

l) Ole schreit sich ___ft heiser.

m) Rudolf m___cht Spaß.

n) Conni weiß mehr als ___lle anderen.

21 blass, Rast, Kasten, Katze, Petze, putzen, müssen, wissen, Matte, Kutte, Rippe, schnuppe, Pappe, Kappe, verpesten, tasten, fast, Mist, Wasser
22 a) Handball; **b)** kocht, ganze; **c)** Sonnenuntergänge; **d)** immer; **e)** will; **f)** Johanna, kann; **g)** wünscht; **h)** besitzt; **i)** kommt; **j)** möchte, Bäcker; **k)** kann, sprechen; **l)** oft; **m)** macht; **n)** alle

23 ●●○ Was ist es?

So gut war ich.

Wie lautet das gesuchte Wort?

Es sieht aus wie eine große Maus, aber es ist eine Ratte.

a) Eine Suppe kocht man in einem Topf.

b) Die Mäuse im Keller fängt eine ~~Mausfalle~~ Katze.

c) Wenn alles dreckig ist, muss man putzen.

d) Wenn es sehr heiß ist, muss man schwitzen.

e) Wenn man etwas lustig findet, muss man lachen.

f) Ganz unten im Haus ist der Keller.

g) Nach dem Morgen kommt der Mittag.

h) Wasser ist ~~nacht~~ nass.

i) Ein männliches Schaf heißt Wiedler Vel.

24 ●○○ Bitte mit Senf

So gut war ich.

Lass dir den Text von deinen Eltern, deinen Geschwistern oder deinen Freunden diktieren.

In der Ballstraße in einem kleinen Kaff steht eine Frittenbude. Dort bekommt man nicht nur goldgelbe Fritten, sondern auch die beste Bratwurst der ganzen Stadt. Anna und ihre Freundinnen essen dort einmal im Monat eine Wurst. Dabei haben alle eine besondere Vorliebe. Anna mag die Wurst nur geschnitten, ihre Freundin Edda isst sie ohne Curry und Lilli nimmt immer Senf dazu.

23 a) Topf; **b)** Katze; **c)** putzen; **d)** schwitzen; **e)** lachen; **f)** Keller; **g)** Mittag; **h)** nass; **i)** Widder

25 ●○○ Lang gesprochen

So gut war ich.

Entscheide, ob der Stammvokal des Wortes kurz oder lang ist.

a) Hut kurz ○ lang ○

b) Hütte kurz ○ lang ○

c) Mitte kurz ○ lang ○

d) Lied kurz ○ lang ○

e) Sieb kurz ○ lang ○

f) Butter kurz ○ lang ○

g) Kuss kurz ○ lang ○

h) Fuß kurz ○ lang ○

i) Mutter kurz ○ lang ○

26 ●○○ Was stimmt hier eigentlich noch?

So gut war ich.

Streiche alle falschen Aussagen.

(a) Nach langen Vokalen stehen meistens zwei Konsonanten.

(b) Nach langen Vokalen kann ein Dehnungs-h stehen.

(c) Nach langen Vokalen gibt es immer Regen.

(d) Ein langes i wird oft als ie geschrieben.

(e) Ein Doppelvokal wird lang gesprochen.

(f) Ein Doppelvokal wird gar nicht gesprochen.

(g) Vokale werden nur von müden Menschen lang gesprochen.

(h) Lange Vokale sind alle Vokale, die größer als zwei Zentimeter sind.

25 a) lang; **b)** kurz; **c)** kurz; **d)** lang; **e)** lang; **f)** kurz; **g)** kurz; **h)** lang; **i)** kurz

26 Die Aussagen **(a)**, **(c)**, **(f)**, **(g)**, **(h)** sind falsch.

27 ●●○ L**be Fr**da

So gut war ich. ☺ 😐 ☹

Ergänze den i-Laut.

L___be Fr___da,

___ch freue m___ch, dass du uns bald besuchen w___rst. W___r könnten dann w___ ___m letzten Jahr draußen sp___len, da das Wetter wunderschön ist. D___ses Jahr blüht der Fl___der ganz besonders prächtig und er duftet w___ s___ben Flaschen Parfum. Mein großer Bruder ist auch n___cht mehr so f___s w___ im letzten Jahr, da er jetzt glücklich verl___bt ist. Wir haben jetzt auch einen w___nzigen Hund. In einigen Jahren wird er allerdings r___sig sein. V___le Grüße an deine Fam___l___.

Deine Petra

28 ●●○ Wortfinder

So gut war ich. ☺ 😐 ☹

Gesucht wird ein Wort mit langem i.

a) Ein Ding, das eine Arbeit ausführt ist eine ___.

b) Vögel können ___.

c) Die Anzahl der Zwerge lautet ___.

d) Das Gegenteil von Krieg ist ___.

e) Eine Raubkatze mit Streifen ist ein ___.

f) Katzen sind keine Menschen, sondern ___.

g) Ein sehr großer Mensch ist ein ___.

h) Bretter unter den Füßen nennt man ___.

27 Liebe Frieda; Ich; mich; wirst; Wir; wie im; spielen; Dieses; Flieder; wie sieben; nicht; fies wie; verliebt; winzigen; riesig; Viele; Familie

28 a) Maschine; **b)** fliegen; **c)** sieben; **d)** Frieden; **e)** Tiger; **f)** Tiere; **g)** Riese; **h)** Skier

29 ●●○ Doppelt hält besser!

So gut war ich. ☺ 😐 ☹

Bilde Sätze mit den folgenden Wörtern.

Boot/Meer (fahren)

Bootim Meer fahren.

Fee/Himbeere (zaubern)

Feen zaubern Himbeeren.

Speer/Klee (landen)

Speere landen im Klee

Teekanne/leer (sein)

Teekanne ist leer ?

VL

30 ●●● Krank sein

So gut war ich. ☺ 😐 ☹

Ergänze die fehlenden Buchstaben.

(a) Paul hat F_ie_ber. Seit er mit seinen Freunden im Schnee gesp_ie_lt hat und

(b) i_h_m Sch_a_l und Mütze f_eh_lten, muss er ständig n_ie_sen. N_u_n

(c) l_ie_gt er schon v_ie_le Tage im Bett und f_üh_lt sich m_ie_s. Zum Glück

(d) besucht i_h_n Harald jeden Mittag nach der Schule. Dann sp_ie_len s_ie_

(e) gemeinsam ein Kartensp_ie_l, bis Harald w_ie_der nach Hause muss.

(f) In sp_ä_testens drei Tagen wird Paul w_ie_der nach draußen können.

VL

29 Das Boot fährt auf dem Meer. Die Fee zaubert eine Himbeere. Der Speer landet im Klee. Die Teekanne ist leer.
30 (a) Fieber, gespielt; **(b)** ihm, Schal, fehlten, niesen, Nun; **(c)** liegt, viele, fühlt, mies; **(d)** ihn, spielen, sie;
(e) Kartenspiel, wieder; **(f)** spätestens, wieder

31 ●●○ Wie wird das Wort gedehnt?

So gut war ich. ☺ 😐 ☹

Ordne die Wörter nach der Art ihrer Dehnung in die Tabelle ein.

Biest, schieben, Tiger, Fliege, Moor, Tor, Kuh, Stuhl, Tafel, Hieb, Kiesel, mies, riesig, Stiefel, Hose, leer, Leere, Lehre, kehren, Zoo, Hafen, Mief, Dieb, Kohle, Ähre, sehr, mehr, Mut, Aas, Aal, Teer, rieseln, Wiese, tief, Kiefer, Waage, See, während, Meer

kein Dehnungsbuchstabe	-ie	-h	Doppelvokal
Tiger, Tor, Tafel, Hose, Hafen, Mut,	Biest, schieben, Fliege, Hieb, Kiesel, mies, riesig, Stiefel, Mief, Dieb, rieseln, Wiese, tief, Kiefer	Kuh, Stuhl, Lehre, kehren, Kohle, Ähre, sehr, mehr, während	Moor, leer, Leere, Zoo, Aas, Aal, Teer, Waage, See, Meer v el

32 ●●● Die Miesmuschel

So gut war ich. ☺ 😐 ☹

Lass dir den Text von Freunden, Eltern oder von deinen Geschwistern diktieren.

Im tiefen Ozean lebte einst eine Muschel. Ihr fehlte es an nichts, doch sie war ständig schlecht gelaunt. Mal sahen sie die Fische zu lange an, dann erspähte sie ein schiefes Riff. Ständig spielte sie die Beleidigte und schniefte, um zu zeigen, dass sie beleidigt war. Die anderen Meeresbewohner machten sich deswegen über sie lustig. Von allen Tieren der tiefen See wurde sie bald nur noch „die Miesmuschel“ genannt.

31 kein Dehnungsbuchstabe: Tiger, Tor, Tafel, Hose, Hafen, Mut
-ie: Biest, schieben, Fliege, Hieb, Kiesel, mies, riesig, Stiefel, Mief, Dieb, rieseln, Wiese, tief, Kiefer
-h: Kuh, Stuhl, Lehre, kehren, Kohle, Ähre, sehr, mehr, während
Doppelvokal: Moor, leer, Leere, Zoo, Aas, Aal, Teer, Waage, See, Meer

33 ●●○ Was ist lang?

So gut war ich. ☺ 😐 ☹

Wie viele lange Vokale haben die folgenden Wörter?

a) Wohlstand 1

b) Lüge 0

c) Pfingstmontag 0

d) Schuh 1

e) Kuchen 0

f) Wasserdampf 0

g) Ruß 0

h) Bundesstraße 0

i) Küche 0

34 ●●○ Was ist kurz?

So gut war ich. ☺ 😐 ☹

Wie viele kurze Vokale haben die folgenden Wörter?

a) Riss 1

b) Los 0

c) Stoßdämpfer 0

d) Mittelmaß 1

e) Hüpfburg 0

f) Suppenschüssel 2

g) Sahneschnitte 1

h) Tuch 0

i) Grünkohl 0

33 a) einen (Wohlstand); **b)** einen (Lüge); **c)** zwei (Pfingstmontag); **d)** einen (Schuh); **e)** einen (Kuchen); **f)** keinen; **g)** einen (Ruß); **h)** einen (Bundesstraße); **i)** keinen

34 a) einen (Riss); **b)** keinen; **c)** zwei (Stoßdämpfer); **d)** zwei (Mittelmaß); **e)** zwei (Hüpfburg); **f)** vier (Suppenschüssel); **g)** drei (Sahneschnitte); **h)** keinen; **i)** keinen

So gut war ich. ☺ 😐 ☹

35 ●●○ Vokalchaos

(1) Entscheide, ob die folgende Schreibweise richtig oder falsch ist.

a) Tiger richtig ○ falsch ☒

b) Loos richtig ☒ falsch ○

c) Stir richtig ○ falsch ☒

d) Loob richtig ☒ falsch ○

e) Rohse richtig ○ falsch ☒

(2) Fülle die Lücken aus.

Zum Geburtstag gibt es immer einen K__U__chen.

Wenn man die Zeit wissen möchte, schaut man auf die __Uh__r.

Bienen können sehr laut s__U__mmen.

Ein Floh kann sehr weit h__Ü__pfen.

Zerbrich dir nicht den K__O__pf!

So gut war ich. ☺ 😐 ☹

36 ●●● Schnell- und Langsamsprecher

Ordne die folgenden Wörter nach der Länge ihres Stammvokals in die Tabelle ein.

Kur, Kasse, Blut, Vieh, Boot, Ratte, Loch, Bitte, Pute, Grund, fahren, stur, Rat

langer Stammvokal	kurzer Stammvokal
Kur, Blut, Vieh, Boot, Loch, Pute, Grund, fahren, stur, Rat	Kasse, Ratte, Bitte

35 (1) a) richtig; **b)** falsch (das Los); **c)** falsch (der Stier); **d)** falsch (das Lob); **e)** falsch (die Rose)
(2) Kuchen; Uhr; summen; hüpfen; Kopf
36 langer Vokal: Kur, Blut, Vieh, Boot, Pute, fahren, stur, Rat
kurzer Stammvokal: Kasse, Ratte, Loch, Bitte, Grund

37 ●○○ Die verschiedenen s-Laute

So gut war ich. ☺ 😐 ☹

Ordne die Wörter nach ihren s-Lauten in die Tabelle ein.

Kiste, Kuss, Gruß, husten, müssen, Fuß, Kasten, Hast, hassen, lassen, gießen, Liste, Pass, Rast, Kissen, List, Last, Wasser, schießen, lesen, Biest, Mist, Wiese, Riese

Wörter mit s	Wörter mit ss	Wörter mit ß
Kiste, hasten, Kasten, Hast, Liste, Rast, List, Last, lesen, Mist, Wiese, Riese, Biesd	Kuss, müssen, hassen, lassen, Pass, Kissen, Wasser	Gruß, Fuß, gießen, schießen.

38 ●●○ Hier zählt deine Stimme!

So gut war ich. ☺ 😐 ☹

s-Laute kann man in stimmhafte und stimmlose Laute einteilen. Bei den stimmhaften Lauten kann man ein Zittern fühlen, wenn man die Hand auf den Hals legt. Entscheide, ob der s-Laut in den folgenden Wörtern stimmhaft oder stimmlos ist.

a) rasseln — stimmhaft ✓ — stimmlos

b) Rose — stimmhaft ✓ — stimmlos

c) Riss — stimmhaft ✓ — stimmlos

d) Riese — stimmhaft ✓ — stimmlos

e) Kasse — stimmhaft — stimmlos ✓

f) Reise — stimmhaft ✓ — stimmlos

g) leise — stimmhaft — stimmlos ✓

37 Wörter mit s: Kiste, husten, Kasten, Hast, Liste, Rast, List, Last, lesen, Biest, Mist, Wiese, Riese
Wörter mit ss: Kuss, müssen, hassen, lassen, Pass, Kissen, Wasser
Wörter mit ß: Gruß, Fuß, gießen, schießen
38 Ein stimmhaftes s haben die Wörter **b)** Rose, **d)** Riese, **f)** Reise und **g)** leise.
Ein stimmloses s kommt in den Wörtern **a)** rasseln, **c)** Riss und **e)** Kasse vor.

39 ●○○ Schlange stehen

So gut war ich. ☺ 😐 ☹

Nach einem kurzen Vokal kann *ss* oder *s* stehen. Ergänze hier den Doppelkonsonanten.

„La ss das und fa ss jetzt bitte nichts mehr an", mahnt der Vater Julia beim Schlangestehen an der Ka ss e. „Ich will aber wi ss en, was ich für einen Lolli zahlen mu ss ", qua ss elt die kleine Julia weiter. „Und außerdem darfst du den Ka ss enbon für Mama nicht verge ss en. Die schimpft sonst wieder, da ss man sich auf dich nicht verla ss en kann!" „Du bist eine kleine Nervensäge. Ich möchte wirklich mal wi ss en, von wem du das hast", sagt Papa.

40 ●●○ Sing das „s"!

So gut war ich. ☺ 😐 ☹

Jetzt geht es um Wörter mit einem langen Vokal, bei denen man am Ende ein stimmloses *s* hört. (z. B. *Gras*) Denn es ist schwierig herauszufinden, ob das Wort mit einfachem *s* oder *ß* geschrieben wird.
Aber es gibt einen Trick, der dir hilft! Wenn du das Wort verlängerst und du ein stimmhaftes *s* hörst, dann wird das Wort mit einfachem *s* geschrieben. (z. B. *Gräser*)

Verlängere die folgenden Wörter.

Gras	*Gräser*
Vers	Verse
lies	~~Lieser~~ ? Lesen
Preis	Preise
Kreis	Kreise

39 „Lass das und fass jetzt bitte nichts mehr an", mahnt der Vater Julia beim Schlangestehen an der Kasse. „Ich will aber wissen, was ich für einen Lolli zahlen muss", quasselt die kleine Julia weiter. „Und außerdem darfst du den Kassenbon für Mama nicht vergessen. Die schimpft sonst wieder, dass man sich auf dich nicht verlassen kann!" „Du bist eine kleine Nervensäge. Ich möchte wirklich mal wissen, von wem du das hast", sagt Papa.

40 Verse, lesen, Preise, Kreise

41 ●○○ Ganz ohne Stimme

So gut war ich. ☺ 😐 ☹

Wie im Kurztest 40 geht es auch jetzt um Wörter mit einem langen Vokal, bei denen man am Ende ein stimmloses *s* hört.
Allerdings sind es nun Wörter, bei denen das Abschluss-s auch dann stimmlos bleibt, wenn man das Wort verlängert (z. B. Fuß → Füße). In diesen Fällen wird das Wort mit *ß* geschrieben.

Setze in die Lücken *ß* ein.

Lisa hat sich am **(a)** Grie___pudding die Zunge verbrannt und kann noch nicht wieder richtig sprechen. Ihr Gesicht war wirklich zum **(b)** Schie___en, obwohl es nicht nett ist, jemanden mit Spott zu **(c)** übergie___en. Lisa trat mir dann mit Absicht auf den rechten **(d)** Fu___ und lispelte: „Damit du **(e)** wei___t, wie das ist!"

42 ●●○ s, ss, ß?

So gut war ich. ☺ 😐 ☹

Unterstreiche die richtige Schreibweise.

a) husten, hussten, hußten
b) Reise, Reisse, Reiße
c) Fleis, Fleiss, Fleiß
d) Meise, Meisse, Meiße
e) Kase, Kasse, Kaße
f) Rast, Rasst, Raßt
g) Gras, Grass, Graß
h) grüsen, grüssen, grüßen
i) küsen, küssen, küssen
j) Kaiser, Kaisser, Kaißer
k) lesen, lessen, leßen
l) giesen, giessen, gießen
m) grasen, grassen, graßen
n) Ris, Riss, Riß

41 (a) Grießpudding (Verlängerung: grießig); **(b)** Schießen (Verlängerung von z. B. Schieß!); **(c)** übergießen (Verlängerung von z. B. Gieß!); **(d)** Fuß (Verlängerung: Füße); **(e)** weißt (Verlängerung: wissen); Tipp: nach **ei** steht bei einem stimmlosen **s** immer **ß**!
42 a) husten; **b)** Reise; **c)** Fleiß; **d)** Meise; **e)** Kasse; **f)** Rast; **g)** Gras; **h)** grüßen; **i)** küssen; **j)** Kaiser; **k)** lesen; **l)** gießen; **m)** grasen; **n)** Riss

43 ●●● Im Tierheim

So gut war ich. ☺ 😐 ☹

Entscheide, welcher s-Laut in die Lücken gehört.

Zum Geburtstag haben mir meine Eltern einen Hund **(a)** ver___prochen. Heute fahren wir ins Tierheim, um einen Hund auszusuchen. Ich möchte am liebsten einen ganz **(b)** gro___en Hund, weil man mit solch einem Hund gut **(c)** drau___en toben kann. Man **(d)** mu___ auch nicht so sehr **(e)** aufpa___en, wo er steckt, da man ihn gut sehen kann. Weil **(f)** da___ Tierheim ganz in der Nähe ist, können wir zu **(g)** Fu___ gehen. Das ist **(h)** be___onders schön für den Hund, für den der Rückweg zugleich ein Spaziergang ist. Ich freue mich schon, meinen neuen Spielgefährten meinen Freunden am Mittag **(i)** vorzu___tellen. Aber jetzt **(j)** mü___en wir ganz schnell die **(k)** Stra___e entlang zum Tierheim.

44 ●●● Das oder dass?

So gut war ich. ☺ 😐 ☹

Setze *das* oder *dass* in die Lücken ein.

a) Ich möchte ______ Buch aus dem Regal.

b) Ich glaube, ______ es heute noch regnen wird.

c) Ich möchte ein Land entdecken, ______ noch völlig unbekannt ist.

d) Ich freue mich, ______ heute Besuch kommt.

e) Ich kann ______ nicht leiden.

f) Möchtest du ______ wirklich probieren?

g) Glaubst du, ______ wir den Bus noch rechtzeitig erreichen?

h) Kannst du mir ein Buch empfehlen, ______ ich noch nicht gelesen habe?

i) ______ macht Spaß.

45 ●○○ Die Hexe brät Lachs (x, chs, ck, gs)

So gut war ich.

Ergänze die fehlenden Buchstaben.

a) Die He____e brät La____s.

b) Sie ha____t zunä____st viele Gewürze klein.

c) Bei der Zubereitung hält sie sich an den Te____t des Kochbuchs.

d) Darum mi____t die He____e auch die richtigen Zutaten zusammen.

e) Wenn sie ein Wort nicht kennt, schaut sie in einem Le____ikon nach.

f) Der Hund, der sonst immer Fa____en macht, gibt heute keinen Mu____s von sich.

g) Ma____, der Luchs, schaut auch interessiert zu.

h) Nach einiger Zeit we____selt die He____e die Schürze.

i) Sie hat sich nämlich mit Wa____s bekle____ert.

j) Erst hat sie sich erschre____t, dann hat sie aber fi____ gemerkt, dass es nur

k) Wa____s ist.

l) Nach vielen Stunden ist der La____s endlich zubereitet.

m) Der Fu____s klopft an die Tür und möchte auch etwas haben.

n) Flu____s schneidet die He____e dem Fu____s ein Stü____ La____s ab.

o) Le____er!

46 ●●○ Max fährt Taxi

So gut war ich.

Lass dir den Text von deinen Eltern, Freunden oder Geschwistern diktieren.

Max fährt in den Ferien zu seinen Großeltern nach Buxtehude. Er fährt morgens mit dem Zug los und kommt nach vier Stunden am Bahnhof an. Vor Langeweile hat er den ganzen Text einer Zeitung im Zug gelesen. Die Großeltern können ihn leider nicht abholen. Darum soll er mit einem Taxi fahren. Fix geht Max zum Taxistand. Er nennt seine Adresse und die Taxifahrerin fährt auch schon flugs los. Das war alles ein Klacks für Max.

45 a) Hexe, Lachs; **b)** hackt zunächst; **c)** Text; **d)** mixt, Hexe; **e)** Lexikon; **f)** Faxen, Mucks; **g)** Max; **h)** wechselt, Hexe; **i)** Wachs, bekleckert; **j)** erschreckt, fix; **k)** Wachs; **l)** Lachs; **m)** Fuchs; **n)** flugs, Hexe, Fuchs, Stück, Lachs; **o)** Lecker

47 ●●○ Fehlerfinder (x, chs, ck)

So gut war ich. ☺ 😐 ☹

Finde die Fehler in jedem Satz und schreibe den Satz richtig auf.

a) Die Kerze aus Wax wächst nicht.

Wachs

b) Das Wetter ist heute weckselhaft.

wechselhaft

weckselhaft

c) Tina hat sich mit Farbe beklext.

bekleckst

d) Kerstins Vater fährt Taksi.

Taxi

48 ●●○ Die Steinschleuder (sch, sp, st)

So gut war ich. ☺ 😐 ☹

Ordne die unterstrichenen Wörter in die Tabelle ein.

Johannes steht auf Steinschleudern. Er findet es <u>schön</u>, wenn ein <u>Gegenstand</u> mithilfe einfachster Mittel auf eine hohe Geschwindigkeit <u>beschleunigt</u> werden kann. Darum baut er am Nachmittag oder an <u>schulfreien</u> Tagen eine Schleuder nach der anderen und <u>schießt</u> damit <u>Steine</u> die Straße entlang. Normalerweise ist Johannes schon sehr vorsichtig, aber heute ist einfach nicht sein Tag. Er <u>spannt</u> die <u>Schleuder</u>, legt den Stein ein, schießt und der Stein fliegt durch ein Fenster. Tausend <u>Scherben</u> liegen nun auf der <u>Straße</u>. Heute hat er beim <u>Spielen</u> kein Glück.

sch	s
schön, beschleunigt, schulfreien, schießt, Schleuder, Scherben	Gegenstand, Steine, spannt, Straße, Spielen

47 a) Die Kerze aus Wa**chs** wächst nicht. **b)** Das Wetter ist heute we**chs**elhaft. **c)** Tina hat sich mit Farbe bekle**ck**st. **d)** Kerstins Vater fährt Taxi.
48 sch: schön, beschleunigt, schulfreien, schießt, Schleuder, Scherben
s: Gegenstand, Steine, spannt, Straße, Spielen (Tipp: Wenn ein **p** oder ein **t** folgt, wird das **s** wie **sch** gesprochen.)

49 ●●○ Niedlich oder eklig? (-lich, -ig)

So gut war ich. ☺ 😐 ☹

Entscheide, ob das Wort durch die Ergänzung von *-lich* oder *-ig* zu einem neuen Adjektiv wird.

a) Freund	lich	ig	i) Gold	lich	ig
b) Blut	lich	ig	j) süß	lich	ig
c) Frieden	lich	ig	k) lieb	lich	ig
d) klein	lich	ig	l) Geiz	lich	ig
e) Biest	lich	ig	m) grün	lich	ig
f) Sand	lich	ig	n) Lob	lich	ig
g) kurz	lich	ig	o) Stein	lich	ig
h) König	lich	ig	p) Grund	lich	ig

50 ●●○ Die Verwandlung der Wörter (-lich, -ig)

So gut war ich. ☺ 😐 ☹

Welches (andere) Adjektiv kann man mit *-lich* oder *-ig* aus den Wörtern machen?

a) gruseln gruselig

b) Kauf Kaufig Käuflich

c) Mut mutig

d) Teig teigig

e) Zug zügig

f) dumm dummig dümmlich

g) kleben klebig Klebrig

h) Gewicht gewichtig

i) Schmutz schmutzig

49 a) freundlich; **b)** blutig; **c)** friedlich; **d)** kleinlich; **e)** biestig; **f)** sandig; **g)** kürzlich; **h)** königlich; **i)** goldig; **j)** süßlich; **k)** lieblich; **l)** geizig; **m)** grünlich; **n)** löblich; **o)** steinig; **p)** gründlich
50 a) gruselig; **b)** käuflich; **c)** mutig; **d)** teigig; **e)** zugig; **f)** dümmlich; **g)** klebrig; **h)** gewichtig; **i)** schmutzig

51 ●○○ Ein wichtiger Auftrag (-ig, -lich) I

So gut war ich. ☺ 😐 ☹

Ergänze die Endungen.

(a) Detektiv Jones ist schon seit Jahren im Geschäft. Eines sonn______en Morgens

(b) aber bekam er es mit dem schwier______sten Fall seines bisher langweil______en

(c) Lebens zu tun. Eine aufgeregte Frau stand in der alten, häss______en Tür und

(d) stammelte aufgeregt etwas von Schlägen, die töd______ gewesen sein mussten.

(e) Glück______erweise gab es schon drei Tatverdächtige. Ein kleiner,

(f) zuverläss______er Hafenarbeiter, eine weiner______e, zierliche Sekretärin und ein

(g) großer, starker Berufsboxer mit reich______ vielen Flüchen im Wortschatz.

Als Jones zum Tatort kam, stellte er fest, dass der Täter eine Leiter benutzt hatte, um

(h) dem Opfer kräft______ auf den Hinterkopf zu schlagen. Außerdem fand man ein

Seil, wie es zum Vertäuen der Schiffe verwendet wird.

52 ●●○ Löse den Fall! II

So gut war ich. ☺ 😐 ☹

Verwende die folgenden Wörter, um Detektiv Jones zu erklären, was passiert ist.

Hafenarbeiter schuldig/Boxer unschuldig/Täter benutzt Leiter/Boxer sehr groß, braucht keine Leiter/Sekretärin unschuldig/keine Fingerabdrücke auf Tau/Hafenarbeiter übrig

____

____

____

____

____

____

51 (a) sonnigen; **(b)** schwierigsten, langweiligen; **(c)** hässlichen; **(d)** tödlich; **(e)** Glücklicherweise; **(f)** zuverlässiger, weinerliche; **(g)** reichlich; **(h)** kräftig

52 So könnte deine Lösung aussehen: Der Hafenarbeiter ist schuldig. Der Boxer ist unschuldig, da der Täter eine Leiter benutzt hat und der Boxer sehr groß ist. Der Boxer ist so groß, dass er keine Leiter braucht. Die Sekretärin ist auch unschuldig, da auf dem Tau keine Fingerabdrücke von ihr sind. Der Hafenarbeiter bleibt als Täter übrig.

53 ●●○ Geheimniskrämerei (sp, st, sch)

So gut war ich. ☺ 😐 ☹

Ergänze das gesuchte Wort.

a) Wenn man etwas nicht ernsthaft tut, ist es ein Spiel.

b) Hunde holen gerne das geworfene Stöckchen.

c) Man sieht sich selbst in einem Spiegel.

d) Du gehst fast jeden Morgen zur Schule.

e) Ein dünnes, langes Gemüse heißt Spargel.

f) Jemand mit viel Kraft ist sehr stark.

g) Eine männliche Kuh ist ein ____________.

h) Ein Schulfach, in dem man sich bewegt, heißt Sport.

i) Ein anderes Wort für Spaß ist Scherz.

54 ●○○ d oder t?

So gut war ich. ☺ 😐 ☹

Entscheide, ob die Wörter mit *d* oder *t* geschrieben werden. Wenn du es nicht genau weißt, wende die Verlängerungsprobe an.

a) wil_d_ (wilder)	d ☒	t ○	i) Ba_d_ (Bäder)	d ☒	t ○
b) Hu_t_ (Hüte)	d ○	t ☒	j) Lei_d_ (Leiden)	d ☒	t ○
c) Bar_t_ (Bärter)	d ○	t ☒	k) kal_t_ (Kälte)	d ○	t ☒
d) Kar_t_e	d ○	t ☒	l) Gel_d_ (Gelder)	d ☒	t ○
e) Scha_d_en	d ☒	t ○	m) Bu_d_e	d ☒	t ○
f) Mu_t_	d ○	t ☒	n) Han_d_ (Hände)	d ☒	t ○
g) Ra_t_schlag (raten)	d ○	t ☒	o) Fahrra_d_ (Fahrräder)	d ☒	t ○
h) bin_d_en	d ☒	t ○	p) bie_t_en	d ○	t ☒

53 a) Spiel; **b)** Stöckchen; **c)** Spiegel; **d)** Schule; **e)** Spargel; **f)** stark; **g)** Stier; **h)** Sport; **i)** Scherz
54 a) wild; **b)** Hut; **c)** Bart; **d)** Karte; **e)** Schaden; **f)** Mut; **g)** Ratschlag; **h)** binden; **i)** Bad; **j)** Leid; **k)** kalt; **l)** Geld;
m) Bude; **n)** Hand; **o)** Fahrrad; **p)** bieten

55 ●○○ Der Flug der Vögel (f oder v?)

So gut war ich. ☺ 😐 ☹

Ergänze die Lücken im Text.

(a) Noch be_v_or es _f_riert, _f_liegen die _V_ögel in den Süden.

(b) Während ihres _F_lugs kann man beobachten, dass sie in einer bestimmten

(c) _V_ormation fliegen. ___orn _f_liegen meistens wenige Tiere _v_oran

(d) und der Rest des Schwarms fliegt v-___örmig hinterher.

(e) Dann fliegen sie über _F_elder und _F_lüsse bis nach A_f_rika.

56 ●●○ Fridolin Fehlerteufel

So gut war ich. ☺ 😐 ☹

Fridolin hasst Diktate. Das ist auch kein Wunder, denn Fridolin macht viele Fehler. Finde die Fehler und schreibe den Text einmal richtig auf.

Die zerbrochene Fase
Mutter hat eine vertwolle Fase. Die stammt noch aus der Zeit ihres Urgroßfaters, der sie wiederum von seinem Fetter zum Geburtstag geschenkt bekommen hat. An einem Fomittag war Folker unforsichtig und stieß an die Fase, sodass sie zerbrach und in fiele, kleine Scherben zerviel. So ein Pech!

Die zerbrochene Vase
Mutter hat eine wertvolle Vase. Die stammt noch aus der Zeit ihres Urgroßvaters, der sie wiederum von seinem Vetter zum Geburtstag geschenkt bekommen hat. An einem Vormittag [struck out] Folker unvorsichtig und stieß an die Vase, sodass sie zerbrack und in viele, kleine Scherben zerviel. So ein Pech!

55 (a) bevor, friert, fliegen, Vögel; **(b)** Flugs; **(c)** Formation, Vorn, fliegen, voran; **(d)** v-förmig; **(e)** Felder, Flüsse, Afrika

56 Die zerbrochene **V**ase
Mutter hat eine **w**ert**v**olle **V**ase. Die stammt noch aus der Zeit ihres Urgroß**v**aters, der sie wiederum von seinem **V**etter zum Geburtstag geschenkt bekommen hat. An einem **V**ormittag war **V**olker un**v**orsichtig und stieß an die **V**ase, sodass sie zerbrach und in **v**iele, kleine Scherben zer**f**iel. So ein Pech!

57 ●○○ Was stimmt?

So gut war ich. ☺ 😐 ☹

Entscheide, ob die Aussagen richtig oder falsch sind.

a) Nach einem Punkt beginnt ein neuer Satz.

richtig ☒ falsch ○

b) Nach einem Komma beginnt ein neuer Satz.

richtig ○ falsch ☒

c) Satzanfänge schreibt man groß.

richtig ☒ falsch ○

d) Satzanfänge schreibt man schön.

richtig ☒ falsch ○

e) Nur Nomen schreibt man bei Satzanfängen groß.

richtig ○ falsch ☒

58 ●●○ ... Anfang verloren gegangen!

So gut war ich. ☺ 😐 ☹

Ergänze den Satzanfang mit dem Wort in Klammern.

a) Caroline hat Freude am Basketballspielen. (Caroline)

b) Sie mag Mannschaftssportarten. (sie)

c) Harald liest gerne. (Harald)

d) Ein gutes Buch ist für ihn das Größte. (ein)

e) Erik baut Modellautos. (Erik)

f) Diese stellt er sich dann ins Regal. (diese)

g) Pia hat drei Fische, einen Hamster und eine Katze. (Pia)

h) Sie mag Tiere. (sie)

58 Alle Satzanfänge müssen großgeschrieben werden.

57 Nur die Aussagen **a)** und **c)** sind richtig.

59 ●○○ Ganz groß anfangen

So gut war ich. ☺ 😐 ☹

In dem folgenden Text sind einige Fehler enthalten. Unterstreiche die Fehler.

Heute geht Tom mit seiner Familie in den Park spazieren. dort kann man allerlei beobachten, Wenn man nur richtig hinschaut. Da sieht man Kinder, die mit ihren Eltern spielen. hunde werden von ihren Besitzern An der Leine geführt. bei schönem Wetter ist im Park richtig viel los. Heute regnet es aber und es Ist langweilig. tom geht mit seiner Familie schon bald wieder nach Hause.

60 ●●○ Mach es besser!

So gut war ich. ☺ 😐 ☹

Schreibe die Geschichte ab und verbessere dabei die Fehler.

Heute geht Tom mit seiner Familie in den Park spazieren.
Dort kann man allerlei beobachten, wenn man

59 Heute geht Tom mit seiner Familie in den Park spazieren. dort kann man allerlei beobachten, Wenn man nur richtig hinschaut. Da sieht man Kinder, die mit ihren Eltern spielen. hunde werden von ihren Besitzern An der Leine geführt. bei schönem Wetter ist im Park richtig viel los. Heute regnet es aber und es Ist langweilig. tom geht mit seiner Familie bald wieder nach Hause.

60 Heute geht Tom mit seiner Familie in den Park spazieren. Dort kann man allerlei beobachten, wenn man nur richtig hinschaut. Da sieht man Kinder, die mit ihren Eltern spielen. Hunde werden von ihren Besitzern an der Leine geführt. Bei schönem Wetter ist im Park richtig viel los. Heute regnet es aber und es ist langweilig. Tom geht mit seiner Familie bald wieder nach Hause.

61 ●○○ Typisch Nomen

So gut war ich. ☺ 😐 ☹

Nomen haben oft typische Endungen. Finde sie heraus.

Heiterkeit, Ärgernis, Freundlichkeit, Verwandtschaft, Geheimnis, Wagnis, Endung, Fertigung, Freundschaft, Ehrlichkeit, Mannschaft, Richtung

Nomenendungen sind: ____________________, ____________________,

____________________, ____________________.

62 ●○○ Mach mal wieder Ordnung!

So gut war ich. ☺ 😐 ☹

Ordne die Nomen aus dem Kurztest 61 nach ihren Endungen in die Tabelle ein. Trage zuerst die Endungen in den Kopf der Tabelle ein.

63 ●○○ Aufgepasst!

So gut war ich. ☺ 😐 ☹

Unterstreiche die Nomenendungen aus den zwei vorhergehenden Übungen im Text.

Die Freude ist groß, als Jana und Ida erfahren, dass die Wanderung am Fluss entlang nach Frankreich gehen soll. Janas und Idas Freundschaft besteht schon seit langem und sie waren schon oft gemeinsam auf Wanderschaft, aber in Richtung Frankreich waren sie noch nie unterwegs. Sofort fangen sie an, Pläne zu schmieden und machen aus ihrer Vorfreude kein Geheimnis. Morgen soll es losgehen und Jana und Ida können vor Aufregung kaum schlafen.

61 -keit, -nis, -schaft, -ung
62 -keit: Heiterkeit, Freundlichkeit, Ehrlichkeit; **-nis:** Ärgernis, Geheimnis, Wagnis; **-schaft:** Verwandtschaft, Freundschaft, Mannschaft; **-ung:** Endung, Fertigung, Richtung
63 Wanderung, Freundschaft, Wanderschaft, Richtung, Geheimnis, Aufregung

64 ●●○ Noch mehr Endungen

So gut war ich. ☺ 😐 ☹

Nomen enden nicht nur wie in den vorangehenden Übungen. Es gibt noch andere Nomenkennzeichen. Lies dir die Sätze aufmerksam durch und schreibe auf die Linie, welche typischen Nomenendungen du noch entdeckt hast.

Der Bäcker im Dorf stellt das beste Brot her.

Im Zoo kümmert sich der Tierpfleger um die Tiere.

Gesundheit ist wichtiger als Macht.

Deine Unverfrorenheit geht mir wirklich zu weit.

Gestern Nacht ist bei unseren Nachbarn ein Einbrecher durchs Fenster gekommen.

---

65 ●●○ Wörter finden mit Entschlossenheit und Eifer

So gut war ich. ☺ 😐 ☹

Finde auf diese Endungen nun selbst so viele Wörter wie möglich.

-heit	-er

64 -er und **-heit** sind weitere typische Nomenendungen.

65 So könnte deine Lösung aussehen: Sicherheit, Frechheit, Besonderheit, Feigheit, Wahrheit, Entschlossenheit; Lehrer, Wunder, Bauer, Becher, Mader, Tiger …

66 ●○○ Sie können mich mal!

So gut war ich. ☺ 😐 ☹

Die höfliche Anrede wird immer großgeschrieben. *Du* kann klein- oder großgeschrieben werden. Unterstreiche alle Anredepronomen.

Sehr geehrter Herr Soundso,

wie ich Ihrem letzten Schreiben entnehmen konnte, sind Sie mit meiner Arbeit als Mitarbeiter im Außendienst nicht zufrieden. Ich möchte Ihnen hiermit mitteilen, dass ich mich stets bemüht habe, Ihren Anforderungen gerecht zu werden. Leider waren alle Anstrengungen umsonst, da Sie offenbar immer noch nicht zufrieden sind.

Mit freundlichen Grüßen

Ihr Mitarbeiter Derunder

67 ●○○ Das kannst du dir nicht vorstellen!

So gut war ich. ☺ 😐 ☹

Mitarbeiter Derunder schreibt an seinen Freund Sowieso.
Unterstreiche alle Anredepronomen.

Lieber Sowieso,

du kannst dir nicht vorstellen, was mir letzte Woche passiert ist. Du weißt ja, dass mein Boss, der Soundso, mit meiner Arbeit nicht zufrieden war. Vielleicht kannst du dir ja schon denken, was jetzt kommt. Der Soundso hat nicht gemerkt, dass ich mich so richtig ins Zeug gelegt habe und hat mich gefeuert.

Liebe Grüße

dein Derunder

66 Sehr geehrter Herr Soundso, wie ich Ihrem letzten Schreiben entnehmen konnte, sind Sie mit meiner Arbeit als Mitarbeiter im Außendienst nicht zufrieden. Ich möchte Ihnen hiermit mitteilen, dass ich mich stets bemüht habe, Ihren Anforderungen gerecht zu werden. Leider waren alle Anstrengungen umsonst, da Sie offenbar immer noch nicht zufrieden sind. Mit freundlichen Grüßen, Ihr Mitarbeiter Derunder

67 Lieber Sowieso, du kannst dir nicht vorstellen, was mir letzte Wochen passiert ist. Du weißt ja, dass mein Boss, der Soundso, mit meiner Arbeit nicht zufrieden war. Vielleicht kannst du dir ja schon denken, was jetzt kommt. Der Soundso hat nicht gemerkt, dass ich mich so richtig ins Zeug gelegt habe und hat mich gefeuert. Liebe Grüße, dein Derunder

68 ●●○ Sehr geehrte Frau Schmitt

So gut war ich. ☺ 😐 ☹

Schreibe einen höflichen Brief an Frau Schmitt von der lokalen Zeitung und erkläre ihr, warum du mit ihrem Artikel „Es gibt keine Umweltverschmutzung“ nicht einverstanden bist.

69 ●●○ Tütensuppe

So gut war ich. ☺ 😐 ☹

Lass dir den Text von jemandem diktieren.

Füllen <u>Sie</u> den Topf mit einem halben Liter Wasser. Bringen <u>Sie</u> dieses Wasser zum Kochen. Öffnen <u>Sie</u> nun die Tüte mit dem Pulver und geben <u>Sie</u> den Inhalt unter ständigem Umrühren in das Wasser. Achten <u>Sie</u> darauf, dass das Pulver im Wasser keine Klumpen bildet. Lassen <u>Sie</u> nun die Suppe bei schwacher Hitze fünf bis sieben Minuten kochen und servieren <u>Sie</u> die Suppe <u>Ihren</u> Gästen sofort. Lassen auch <u>Sie</u> sich <u>Ihre</u> Suppe schmecken.

70 ●○○ Der Welpendieb

So gut war ich. ☺ 😐 ☹

Nomen kann man an einem vorangehenden Artikel erkennen. Unterstreiche alle Artikel, die vor einem Nomen stehen.

Seit einiger Zeit treibt ein fieser Welpendieb in der Stadt sein Unwesen. Er steigt nachts in die Häuser ein und stiehlt die jungen Hunde. Die Hunde verkauft er dann für viel Geld an Menschen, die sich schon lange ein kleines Hündchen wünschen.

Zum Glück ist der Dieb mittlerweile hinter Schloss und Riegel und kann den kleinen Hunden nichts mehr anhaben. Eine mutige Frau aus der Nachbarschaft hat gesehen, wie der Dieb in ein Haus eingestiegen ist. Sie hat das Fenster von außen verrammelt, sodass es für den Übeltäter kein Entkommen mehr gab.

Gut gemacht! Das Zuschauen alleine hat noch nie geholfen.

71 ●○○ So geht es auch

So gut war ich. ☺ 😐 ☹

Ein Kennzeichen für ein Nomen kann auch ein vorangehendes Pronomen (Possessivpronomen, Demonstrativpronomen, Indefinitpronomen) sein. Ist das hier der Fall?

a) Tanja füttert ihren Hund. ja ● nein ●

b) Karl verschenkt diesen Fußball. ja ● nein ●

c) Susanne glaubt nicht, dass es heute regnet. ja ● nein ●

d) Henning sucht seine Socken. ja ● nein ●

e) Jenny hat etwas Heimweh. ja ● nein ●

f) Jack betreut seine Oma. ja ● nein ●

70 Seit einiger Zeit treibt ein fieser Welpendieb in der Stadt sein Unwesen. Er steigt nachts in die Häuser ein und stiehlt die jungen Hunde. Die Hunde verkauft er dann für viel Geld an Menschen, die sich schon lange ein kleines Hündchen wünschen. Zum Glück ist der Dieb mittlerweile hinter Schloss und Riegel und kann den kleinen Hunden nichts mehr anhaben. Eine mutige Frau aus der Nachbarschaft hat gesehen, wie der Dieb in ein Haus eingestiegen ist. Sie hat das Fenster von außen verrammelt, sodass es für den Übeltäter kein Entkommen mehr gab. Gut gemacht! Das Zuschauen alleine hat noch nie geholfen.

71 a) ja (ihren); **b)** ja (diesen); **c)** nein; **d)** ja (seine); **e)** ja (etwas); **f)** ja (seine)

72 ●○○ Das schöne Fest

So gut war ich. ☺ 😐 ☹

Einem Nomen geht häufig ein Adjektiv voran. Denk dir für jeden Satz ein passendes Adjektiv aus.

a) Das ist ein ______________________________ Auto.

b) Paula sieht einen ______________________________ Baum.

c) Heute ist ______________________________ Wetter.

73 ●●○ Im Klassenzimmer ist die Hölle los!

So gut war ich. ☺ 😐 ☹

Einem Nomen geht häufig eine Präposition oder ein Zahlwort voran. Ordne diese Nomensignale aus dem Text in die Tabelle ein. (Tipp: Manchmal ist eine Präposition mit einem Artikel verschmolzen; z. B. im = in dem.)

Im Klassenzimmer ist die Hölle los. Franziska hängt an der Tafel, Klaus sitzt im Papierkorb und drei Schüler haben sich unter dem Pult versteckt. Verena hat ihre Schultasche aus dem Fenster gehalten und dabei sind die Sachen auf den Schulhof gefallen. Ihr Matheheft wird sie wahrscheinlich nie mehr finden. Lustig ist es aber schon.

Artikel	Pronomen	Präposition	Zahlwort
		im Klassenzimmer	

74 ●●○ Nudelgericht

So gut war ich. ☺ 😐 ☹

Lass dir den Text von jemandem diktieren.

Echte italienische Nudeln gelingen nur selten. Bringe in einem Topf drei Liter Wasser zum Kochen, gib ein bisschen Salz in den Topf und gib anschließend die Nudeln in den Topf. Die Kochzeit ist von Nudel zu Nudel unterschiedlich.

72 a) z. B. großes, schönes, amerikanisches; **b)** z. B. großen, starken, mächtigen; **c)** z. B. schönes, stürmisches, schlechtes
73 Artikel: die Hölle, der Tafel, dem Pult, dem Fenster, die Sachen, den Schulhof; **Pronomen:** ihre Schultasche, ihr Matheheft; **Präposition:** an der Tafel, im Papierkorb, unter dem Pult, aus dem Fenster, auf den Schulhof; **Zahlwort:** drei Schüler

75 ●○○ Ich war mal ein Adjektiv

So gut war ich.

Wurde das Nomen aus einem Adjektiv gebildet?

a) Im Freien steht ein Haus. ja nein

b) Das Laufen macht mir Spaß. ja nein

c) Das Schloss steht auf einem Berg. ja nein

d) Darin wohnt der König. ja nein

e) Er rät ins Blaue hinein. ja nein

f) Wir machen nichts Schlimmes. ja nein

g) Sie mögen das Schwimmen. ja nein

h) Er fürchtet Schlimmes. ja nein

76 ●○○ Ich war mal ein Verb

So gut war ich.

Wurde das Nomen aus einem Verb gebildet?

a) Das Kleine finde ich schön. ja nein

b) Das Halten macht mir Mühe. ja nein

c) Er träumte vom Fliegen. ja nein

d) Sie träumte nichts Gutes. ja nein

e) Wir hoffen das Beste. ja nein

f) Sie weiß nichts Neues. ja nein

g) Ihm fällt das Lesen schwer. ja nein

h) Wir gehen heute zum Schwimmen. ja nein

75 a) ja; **b)** nein; **c)** nein; **d)** nein; **e)** ja; **f)** ja; **g)** nein; **h)** ja
76 a) nein; **b)** ja; **c)** ja; **d)** nein; **e)** nein; **f)** nein; **g)** ja; **h)** ja

77 ●●○ Unsere Klassenfahrt

So gut war ich. ☺ 😐 ☹

Finde alle Nomen, die ursprünglich Adjektive oder Verben waren, und trage sie in die Tabelle ein.

Kurz vorm Aufbrechen zu der Jugendherberge in den Alpen erwartete uns etwas Seltsames. Maren ahnte schon nichts Gutes, als Tom beim Aufschließen der Tür der Schlüssel abbrach. Toms Fluchen war unüberhörbar und Maren schwor die Klasse darauf ein, dass sicherlich etwas Schlimmes passieren würde. Und tatsächlich! Als Tom die Tür mit viel Drehen und Ziehen endlich auf hatte, sahen wir das Schreckliche. Unsere Sachen waren verschwunden.

Verb	Adjektiv

78 ●●○ Rolle Strecksprung

So gut war ich. ☺ 😐 ☹

Ergänze die Lücken mit der Nominalisierung des Wortes, das in Klammern steht.

Die Rolle ist nichts **(a)** ______________________ (schwierig). Allein das schnelle **(b)** ______________________ (anlaufen) braucht etwas Mut. Mit Schwung erfolgt dann das **(c)** ______________________ (drehen). Das **(d)** ______________________ (springen) ergibt sich dann ganz von allein. Wenn man es einmal kann, fällt anschließend das **(e)** ______________________ (aufhören) schwer.

77 Verben: Aufbrechen, Aufschließen, Fluchen, Drehen, Ziehen;
Adjektive: Seltsames, Gutes, Schlimmes, Schreckliche
78 (a) Schwieriges, **(b)** Anlaufen, **(c)** Drehen, **(d)** Springen, **(e)** Aufhören

79 ●●● Mach was draus!

So gut war ich.

Verwandle die Wörter in Nomen und denke dir für jedes Nomen einen Satz aus.

laufen, groß, grün, husten, schnell, lieb, backen, schenken, fallen, klebrig

80 ●●● Eintopf mit Würstchen

So gut war ich.

Lass dir den Text von jemandem diktieren.

Etwas ganz besonders Leckeres ist der Eintopf meiner Oma. Das Kleinschneiden der Zutaten ist natürlich etwas mühsam, dafür schmeckt das Gericht aber besonders gut. Zuerst muss man sich mit dem Schneiden der Kartoffeln abmühen. Danach geht es dem anderen Gemüse an den Kragen. Das Schlimmste ist das Zerkleinern der Zwiebeln. Das Heulen hört dann fast nicht mehr auf. Alles kommt in einen Topf und dazu gibt man einige Würstchen. Das Schneiden in Scheiben ist natürlich schon erledigt.

79 So könnte deine Lösung aussehen: Das Laufen macht Spaß. Ich wünsche mir etwas Großes zum Geburtstag. Zieh bitte etwas Grünes an! Das Husten schmerzt. Etwas Schnelles schoss an meinem Auge vorbei. So etwas Liebes hat noch niemand zu mir gesagt. Das Backen zu Weihnachten macht Spaß. Das Schenken macht auch Spaß. Vor dem Fallen hat er Angst. Etwas Klebriges ist auf meinem Pullover.

81 ●○○ Es gibt viel zu tun

So gut war ich. ☺ 😐 ☹

Hans und Doris denken sich Tätigkeiten aus, bei denen man zwei Dinge gleichzeitig tut, d. h. man braucht zwei Verben, wie z. B. in *schwimmen gehen*. Diese Verbindungen werden normalerweise getrennt geschrieben. Kreuze an, ob die Schreibweise richtig oder falsch ist.

a) laufenlernen

richtig ● falsch ●

b) suchen gehen

richtig ● falsch ●

c) fliegen lassen

richtig ● falsch ●

d) arbeitenkommen

richtig ● falsch ●

82 ●●○ Der Angriff der Fehlerteufel

So gut war ich. ☺ 😐 ☹

Hans schreibt abends in sein Tagebuch, was er heute mit Doris erlebt hat. Dabei haben sich einige Fehler eingeschlichen. Schreibe den Text ab und verbessere die Fehler.

Liebes Tagebuch,
Doris und ich haben heute richtig viel erlebendürfen. Zuerst waren wir auf einer großen Wiese und haben dort Drachen steigenlassen. Danach wollten wir auf den großen Spielplatz spielengehen, aber Doris' Brille ist verlorengegangen. Nachdem uns drei andere Kinder suchenhalfen, haben wir sie endlich gefunden.

81 a) falsch; **b)** richtig; **c)** richtig; **d)** falsch

82 Doris und ich haben heute richtig viel erleben dürfen. Zuerst waren wir auf einer großen Wiese und haben dort Drachen steigen lassen. Danach wollten wir auf den großen Spielplatz spielen gehen, aber Doris' Brille ist verloren gegangen (oder: verlorengegangen). Nachdem uns drei andere Kinder suchen halfen, haben wir sie endlich gefunden.

83 ●○○ Tiere in der Wildnis

So gut war ich. ☺ 😐 ☹

Onkel A. Ngeber war heute bei Hans und Doris zu Besuch und berichtete von seiner letzten Safari. Schau dir die Sätze genau an und unterstreiche alle Fehler. Denke daran, dass auch Verbindungen aus Nomen und Verb normalerweise getrennt geschrieben werden.

a) „Viele Touristen beobachten die wilden Tiere, während sie Autofahren.

b) Das habe ich gar nicht nötig, denn ich kann mich selbst den größten und gefährlichsten Tieren in den Weg stellen.

c) Einmal wollte mich ein Löwe, der König der Tiere, fressen, doch ich konnte ihm gerade rechtzeitig noch das Maulstopfen.

d) Der Löwe brüllte, riss schon das Maul auf, sodass man die gigantischen Reißzähne sehen konnte, während ich noch einen Stocksuchen war.

e) Als ich endlich einen gefunden hatte, warf ich ihm den Stock ins Maul, er drehte sich und der Löwe konnte sein Maul nicht mehr schließen.

f) Wenn heute Touristen eine Safarimachen und den Löwen mit dem aufgerissenen Maul sehen, rufen sie: ‚Leg dich niemals mit Onkel A. Ngeber an!'"

84 ●●○ Was hast du im letzten Urlaub erlebt?

So gut war ich. ☺ 😐 ☹

Bilde mit den vorgegebenen Wörtern Sätze, die von deinem letzten Urlaub handeln.

Fahrrad fahren, Fußball spielen, Fotos schießen

83 a) Auto fahren; **c)** Maul stopfen; **d)** Stock suchen; **f)** Safari machen

84 So könnte deine Lösung aussehen: Wir waren regelmäßig Fahrrad fahren. Mit neuen Freunden habe ich Fußball gespielt. Meine Eltern wollten viele Fotos schießen.

85 ●○○ Die Nachtwanderung

So gut war ich. ☺ 😐 ☹

Pia macht mit der Jugendgruppe des Sportvereins eine Nachtwanderung. Zuhause erzählt sie ihrem Vater, was sie alles erlebt hat. Unterstreiche alle Verbindungen aus Adjektiv und Verb. Beachte, dass auch diese Verbindungen normalerweise getrennt geschrieben werden.

Wir sind ganz schön schnell gelaufen. Manche von uns sind auf dem matschigen Boden sehr unsicher gelaufen. Um die Angst zu vertreiben, haben wir alle laut geredet, sodass das Unterholz leise knacken konnte und wir es gar nicht gemerkt haben. Als wir alle dachten, dass wir uns verlaufen haben, machte die Gruppenleiterin eine riesige Taschenlampe an. Die hat richtig hell geleuchtet und wir merkten, dass wir längst an unserem Ziel angekommen waren.

86 ●○○ Verb und Verb, Nomen und Verb oder Adjektiv und Verb?

So gut war ich. ☺ 😐 ☹

Ordne die folgenden Wortverbindungen in die Tabelle ein.

freundlich sein, schnell laufen, liegen bleiben, Tee trinken, Computer spielen, faul sein, spielen gehen, verloren gehen, Rad fahren

Verb und Verb	Nomen und Verb	Adjektiv und Verb

85 Wir sind ganz schön schnell gelaufen. Manche von uns sind auf dem matschigen Boden sehr unsicher gelaufen. Um die Angst zu vertreiben, haben wir alle laut geredet, sodass das Unterholz leise knacken konnte und wir es gar nicht gemerkt haben. Als wir alle dachten, dass wir uns verlaufen haben, machte die Gruppenleiterin eine riesige Taschenlampe an. Die hat richtig hell geleuchtet und wir merkten, dass wir längst an unserem Ziel angekommen waren.

86 Verb und Verb: liegen bleiben, spielen gehen, verloren gehen
Nomen und Verb: Tee trinken, Computer spielen, Rad fahren
Adjektiv und Verb: freundlich sein, schnell laufen, faul sein

87 ●●● Wer tut was am liebsten?

So gut war ich. ☺ 😐 ☹

Die Kinder der Klasse 6c haben alle eine Lieblingsbeschäftigung. Bilde mit den vorgegebenen Informationen Sätze. Entscheide dich für die richtige Schreibweise.

Hanna/lang schlafen oder langschlafen
Hanna möchte am liebsten lang schlafen.

a) Olga/Handball spielen oder Handballspielen

____

b) Peter/schwimmen gehen oder schwimmengehen

____

c) Anna/laut singen oder lautsingen

____

Was machst du gerne?

____

88 ●○○ Im Kaufhaus

So gut war ich. ☺ 😐 ☹

Verbindungen aus Präposition oder Präfix und Verb werden zusammengeschrieben, wenn die Betonung auf der Präposition oder dem Präfix liegt. Unterstreiche die Verbindungen aus Präposition/Präfix und Verb.

a) Im Kaufhaus kann man die Menschen auf den Rolltreppen auf- und abfahren sehen.

b) In den Kabinen kann man sich umziehen, wenn man etwas anprobieren möchte.

c) Der Kaufhausdetektiv muss aufpassen, dass niemand etwas mitgehen lässt.

d) Man muss nicht unbedingt einkaufen, man kann sich alles auch in Ruhe anschauen.

e) Wenn man sich aufmerksam umsieht, kann man sehen, dass die Waren nach Warengruppen in die Regale einsortiert sind.

87 So könnte deine Lösung aussehen: **a)** Olga mag am liebsten Handball spielen. **b)** Peter möchte schwimmen gehen. **c)** Anna kann laut singen.

88 a) auf- und abfahren; **b)** umziehen, anprobieren; **c)** aufpassen, mitgehen; **d)** einkaufen, anschauen; **e)** umsieht, einsortiert

89 ●●○ Da stimmt doch was nicht!

So gut war ich.

Sicher kennst du die guten Ratschläge, die Erwachsene oft geben, bei denen man sich aber nicht so sicher ist, ob sie überhaupt stimmen. Setze die Wörter in Klammern in der richtigen Schreibweise in die Lücken.

a) Wenn man die Augen zu sehr ____________________ (VER/DREHEN), bleiben sie irgendwann stehen.

b) Wenn man ____________________ (AUF/ESSEN), was auf dem Teller ist, wird das Wetter am nächsten Tag schön.

c) Wenn man einen Apfelkern ____________________ (VER/SCHLUCKEN), wächst nach einiger Zeit im Bauch ein Apfelbäumchen.

d) Wenn man zu lange ____________________ (FERN/SCHAUEN), bekommt man eckige Augen.

e) Wenn die Schuhe beim ____________________ (AUF-/UND AB/GEHEN) quietschen, sind sie gestohlen.

90 ●●○ Runterfallen und so weiter

So gut war ich.

Verbindungen aus Adverb und Verb werden zusammengeschrieben, wenn die Betonung auf dem Adverb liegt. (Tipp: Bei den unten stehenden Wörtern sind die betonten Silben markiert.) Verwende die angegebenen Wörter in einem Satz.

wiederkommen, **run**terfallen, hin**ü**bergehen

____

____

____

____

____

89 a) verdreht; **b)** aufisst; **c)** verschluckt; **d)** anschaut; **e)** Auf- und Abgehen

90 So könnte deine Lösung aussehen: Ich freue mich schon darauf, wiederzukommen. Ich habe Angst, du könntest runterfallen. Dort ist eine Brücke. Wir können hinübergehen.

91 ●●○ Das meine ich doch ganz anders!

So gut war ich. ☺ 😐 ☹

Wenn man zwei Wörter – wie z. B. *sitzen bleiben* – zusammenschreibt, ändert sich die Bedeutung. *Sitzenbleiben* bedeutet dann *nicht versetzt werden*.

Kreuze an, in welchem Zusammenhang zusammengeschrieben wird.

a) Ich möchte heute den Unterricht blau/machen. ●

b) Ich möchte die Ostereier blau/machen. ●

c) Der Richter wird den Angeklagten frei/sprechen. ●

d) Bei einer Rede sollte man frei/sprechen. ●

e) Obwohl der Wecker klingelte, bin ich liegen/geblieben. ●

f) Noch so viele Dinge waren zu erledigen, aber alles ist liegen/geblieben. ●

92 ●●● Einmal getrennt und einmal zusammen, bitte!

So gut war ich. ☺ 😐 ☹

Verwende jedes Wort in zwei Sätzen, die du dir ausdenkst. Gebrauche die Wörter so, dass sie einmal getrennt und einmal zusammengeschrieben werden.

a) stehen/lassen
b) krank/feiern

91 Zusammengeschrieben wird in den Sätzen: **a)**, **c)** und **f)**.

92 So könnte deine Lösung aussehen:
a) Judith und Lea hatten sich am Vortag gestritten. Das war wohl der Grund dafür, dass Lea ihre Freundin Judith einfach auf der Party hat **stehenlassen.** Oder: Gerda hat keine Lust, den Tisch abzuräumen. Deswegen sagt ihre Mutter zu ihr, dass sie die Teller ruhig **stehen lassen** kann.
b) Leonie ist nicht zur Arbeit gekommen, weil sie krank ist. Sie muss **krankfeiern.** Oder: Tim hat Husten. Da muss er seinen Geburtstag wohl **krank feiern.**

93 ●●○ Diktat: Ostern

So gut war ich. ☺ 😐 ☹

Lass dir das Diktat von deinen Eltern, Geschwistern oder Freunden diktieren.

Zu Ostern bekommen wir Osterferien. Zum Glück müssen wir dann morgens nicht so früh auf-stehen, um Ostereier suchen zu gehen. Die werden wir am Tag vorher mit Farbe rot, gelb und blau machen. Mein großer Bruder behauptet scherzhaft, dass „blaumachen" nicht erlaubt ist und lacht, weil ich nicht gleich verstehe, dass er „schwänzen" meint. Ich freue mich schon auf den Nachmittag, denn dann kann die ganze Familie endlich mal wieder zusammenkommen.

94 ●●● Knielang oder Knie lang?

So gut war ich. ☺ 😐 ☹

Auch Nomen und Adjektive werden manchmal zusammengeschrieben.

a) Entscheide, ob die folgenden Wörter zusammen- oder getrennt geschrieben werden, und schreibe sie richtig auf.

Susanne hat seit letzter Woche einen neuen Lippenstift. Ihre Lippen sind seitdem

____________________ (FEUER/ROT).

Stille. Herzklopfen. Es knarrt. ______________________________ (ANGST/ERFÜLLT)

schleiche ich mich die Wendeltreppe hoch …

Das Essen schmeckt hervorragend. Das Gemüse ist frisch und knackig und das Fleisch ist

____________________________ (BUTTER/WEICH).

b) Schreibe nun die gesuchten Wörter aus a) so um, dass sie getrennt geschrieben werden.

____

____

____

94 a) Alle gesuchten Wörter werden zusammengeschrieben: feuerrot, angsterfüllt, butterweich.
b) rot wie Feuer; von Angst erfüllt; weich wie Butter

95 ●○○ Paul, der Besserwisser

So gut war ich. ☺ 😐 ☹

Paul behauptet viel Falsches und viel Richtiges. Kreuze an, welche Aussagen falsch und welche Aussagen richtig sind.

a) Nomen bezeichnen Gegenstände.

richtig ○ falsch ○

b) Nomen bezeichnen Eigenschaften.

richtig ○ falsch ○

c) Nomen werden manchmal groß- und manchmal kleingeschrieben.

richtig ○ falsch ○

d) Nomen werden immer großgeschrieben.

richtig ○ falsch ○

96 ●○○ Durcheinander in der Familie

So gut war ich. ☺ 😐 ☹

Wie du weißt, können Nomen in der Einzahl (Singular) und in der Mehrzahl (Plural) vorkommen. Schreibe die Personen, ihrer Anzahl entsprechend, auf die richtige Linie.

Wer ist Birtes Mutter?
Birtes Bruder heißt Stefan. Stefans Tante heißt Linda. Linda hat zwei Brüder, Carsten und Volker. Beide Brüder haben Ehefrauen. Carstens Frau heißt Verena, Volkers Frau heißt Katrin. Nur Carsten hat Kinder. Sein ältestes Kind heißt Stefan. Wer ist Birtes Mutter?

Singular: ______________________________

____

Plural: ______________________________

____

95 a) richtig; **b)** falsch; **c)** falsch; **d)** richtig
96 Singular: Birte, Mutter, Bruder, Stefan, Tante, Linda, Carsten, Volker, Frau, Verena, Katrin, Kind;
Plural: Brüder, Ehefrauen, Kinder
(Birtes Mutter ist Verena)

97 ●○○ Zu zweit ist alles doppelt (so schön)

So gut war ich.

Michael und Martin gehen gemeinsam ins Schwimmbad. Michael packt seine Badetasche. Hinein kommen ein Handtuch, eine Badehose, eine Luftmatratze, eine Badekappe, ein Sonnenschirm, eine Sonnenmilchflasche, eine Liegematte und Seife. Michael trifft Martin im Schwimmbad. Martin hat genau die gleichen Sachen eingepackt. Martin und Michael kippen ihre Taschen aus. Auf ihrem Platz liegen nun:

zwei Handtücher, ____________________

____

____

____

98 ●○○ Trau Klaustadt nicht!

So gut war ich.

Nach Klaustadt kommen die Menschen mit mehreren Dingen einer Sorte. Wenn sie Klaustadt wieder verlassen, haben sie nur noch ein Ding von jeder Sorte. Klaus besuchte vor einigen Tagen Klaustadt und hat nun:

statt zwei Socken eine Socke,

a) statt zwei Augen ____________________,

b) statt zwei Brillengläsern ____________________,

c) statt zwei Ohren ____________________,

d) statt zwei Armen ____________________,

e) statt zwei Händen ____________________,

f) statt zwei Daumen ____________________,

g) statt zwei Beinen ____________________,

h) statt zwei Füßen ____________________,

i) statt zwei Schuhen ____________________.

Armer halber Klaus!

97 zwei Badehosen; zwei Luftmatratzen; zwei Badekappen; zwei Sonnenschirme; zwei Sonnenmilchflaschen; zwei Liegematten; zwei Seifen

98 a) ein Auge; **b)** ein Brillenglas; **c)** ein Ohr; **d)** ein Arm; **e)** eine Hand; **f)** einen Daumen; **g)** ein Bein; **h)** einen Fuß; **i)** einen Schuh

99 ●●○ Eins und viele

So gut war ich.

Ordne die folgenden Nomen in die Tabelle ein und bilde die dazu passende Singular- oder Pluralform. Denke daran, dass nicht alle Nomen eine Pluralform haben oder die Pluralform sich nicht immer von der Singularform unterscheidet.

Schuh, Wasser, Koffer, Ferien, Buch, Pflanze, Kraft

Singular	Plural

100 ●●○ Bäumchen wechsle dich!

So gut war ich.

Ersetze alle Singularformen durch Pluralformen und alle Plural- durch Singularformen.

Vor unserem Haus steht ein großer Baum. Dieser Baum ist schon sehr alt. Darum möchten meine Tanten nicht, dass er gefällt wird. Meine Großmutter sagt, dass der Baum die Aussicht versperrt. Ich mag den Baum, weil man darauf so schön herumklettern kann.

Vor unseren *Häusern* stehen große **(a)** __________ . Diese **(b)** __________ sind schon sehr alt. Darum möchte meine **(c)** __________ nicht, dass sie gefällt werden. Meine **(d)** ____________________ sagen, dass die **(e)** __________ die **(f)** ____________________ versperren. Ich mag die **(g)** __________ , weil man darauf so schön herumklettern kann.

99 Schuh – Schuhe; Wasser (nur Singular); Koffer – Koffer; Ferien (nur Plural); Buch – Bücher; Pflanze – Pflanzen, Kraft – Kräfte

100 (a) Bäume; **(b)** Bäume; **(c)** Tante; **(d)** Großmütter; **(e)** Bäume; **(f)** Aussichten; **(g)** Bäume

101 ●○○ Wer richtig fragt, bekommt auch Antwort!

So gut war ich. ☺ 😐 ☹

Nomen stehen in einem bestimmten Fall, dem Kasus. Unterstreiche die passende Frage.

Den Nominativ erfragt man mit **a)** Wen oder was?

b) Wie hat Köln gespielt?

c) Wer oder was?

102 ●○○ Nomen im Nominativ

So gut war ich. ☺ 😐 ☹

Roland hat vergessen, wer heute zu seiner Party was mitbringt und versucht sich zu erinnern. Setze die Nomen in Klammern im Nominativ in die Lücken.

a) ____________________ bringt Salat mit. (der Nachbar)

b) ____________________ sorgt für die Würstchen. (sein Bruder)

c) ____________________ bringt Holzkohle mit. (Herbert)

d) ____________________ wächst im Garten. (das Basilikum)

e) ____________________ liegt in der Schublade. (Besteck)

f) ____________________ bringt Käse mit. (Verena)

g) ____________________ hat den Grillanzünder vergessen. (Tobias)

h) ____________________ hat aber daran gedacht. (seine Schwester)

i) ____________________ stellt die Musikanlage auf. (die Mutter)

j) ____________________ sorgt für gute Musik. (ihre Freundin)

k) ____________________ bringen alle gute Laune mit. (die Freunde)

101 c)
102 a) Der Nachbar; **b)** Sein Bruder; **c)** Herbert; **d)** Das Basilikum; **e)** Das Besteck; **f)** Verena; **g)** Tobias; **h)** Seine Schwester; **i)** Die Mutter; **j)** Ihre Freundin; **k)** Die Freunde

103 ●●○ Wir gehen in den Hochseilgarten

So gut war ich. ☺ 😐 ☹

Kreuze an, ob die unterstrichenen Nomen im Nominativ stehen oder nicht.

a) In unserer Nähe gibt es einen Hochseilgarten.

Das Nomen steht im Nominativ. ○ Das Nomen steht in einem anderen Fall. ○

b) Spaß ist hier garantiert.

Das Nomen steht im Nominativ. ○ Das Nomen steht in einem anderen Fall. ○

c) Man braucht allerdings auch Mut.

Das Nomen steht im Nominativ. ○ Das Nomen steht in einem anderen Fall. ○

d) Die Menschen auf den Seilen müssen sich manchmal gegenseitig helfen.

Das Nomen steht im Nominativ. ○ Das Nomen steht in einem anderen Fall. ○

e) Die Idee, in den Hochseilgarten zu gehen, kam von meinem Bruder.

Das Nomen steht im Nominativ. ○ Das Nomen steht in einem anderen Fall. ○

f) Manchmal hat er richtig gute Ideen.

Das Nomen steht im Nominativ. ○ Das Nomen steht in einem anderen Fall. ○

104 ●●○ Auf dem Reiterhof

So gut war ich. ☺ 😐 ☹

Verwende die Nomen im Nominativ in je einem eigenen kurzen Satz.

Pferde: *Die Pferde auf der Koppel haben lange Mähnen.*

Reitstunde: ____________________

Matsch: ____________________

Sonnenschein: ____________________

Wettbewerb: ____________________

Sieger: ____________________

Heimfahrt: ____________________

103 Im Nominativ stehen: **b)** Spaß; **d)** Menschen; **e)** Idee.

104 So könnte deine Lösung aussehen: Die letzte Reitstunde vor dem Wettbewerb war anstrengend. Der Matsch erschwerte das Reiten. Der Sonnenschein trocknete später das Gelände. Der Wettbewerb konnte doch stattfinden. Die glücklichen Sieger wurden bejubelt. Die Heimfahrt war lang und wir waren müde.

105 ●○○ Wer richtig fragt, bekommt auch Antwort!

So gut war ich. ☺ 😐 ☹

Nomen stehen in einem bestimmten Fall, dem Kasus. Unterstreiche die passende Frage.

Den Akkusativ erfragt man mit **a)** Wen oder Was?

b) Darf ich abschreiben?

c) Wessen?

106 ●○○ Kerstins Chaos

So gut war ich. ☺ 😐 ☹

Kerstin sind die Fälle durcheinandergeraten. Hilf ihr, die Ordnung wiederherzustellen und unterstreiche alle falschen Formen! Schreibe den Text anschließend richtig auf.

Ich freue mich schon auf dem Wochenende. Da besuche ich den Großeltern. Ich zeige ihnen dem neuen Hund, den ich mir gestern im Tierheim ausgesucht habe. Der Hund hat jetzt bei uns einem neuen Zuhause.

____

____

____

____

____

____

105 a)

106 Ich freue mich schon auf das Wochenende. Da besuche ich die Großeltern. Ich zeige ihnen den neuen Hund, den ich mir gestern im Tierheim ausgesucht habe. Der Hund hat jetzt bei uns ein neues Zuhause.

107 ●●○ Die Stadtbibliothek

So gut war ich. ☺ 😐 ☹

Die Klasse 5a macht einen Ausflug in die Leihbücherei und erhält dort eine Führung, bei der die Kinder erfahren, wie man bestimmte Bücher sucht und ausleiht. Ordne alle Nomen in die Tabelle ein.

Die Klasse 5a startet an der Schule ihren Ausflug. Mit dem Bus geht es zur Stadtbibliothek. Dort werden sie von einem Mann empfangen, der ihnen alles zeigt. Die Kinder erfahren, wo sich die Sachbücher befinden und wie man an einem Computer herausfindet, wo ein bestimmtes Buch steht. Der Tag endet mit einer schwierigen Aufgabe: Die Kinder erhalten eine Liste mit Buchtiteln. Sie müssen nun mithilfe des Computers herausfinden, wo diese Bücher in der Bibliothek stehen und anschließend die Bücher finden.

Nomen im Akkusativ	Nomen in anderen Fällen

108 ●●○ An der Supermarktkasse

So gut war ich. ☺ 😐 ☹

Setze die vorgegebenen Nomen in je einem kurzen Satz in den Akkusativ.

Schlange: ______________________

Gedränge: ______________________

Kassierer: ______________________

Ausgang: ______________________

107 Nomen im Akkusativ: Ausflug, Liste, Bücher (letzte Zeile); **Nomen in anderen Fällen:** Klasse, Schule, Bus, Stadtbibliothek, Mann, Kinder, Sachbücher, Computer, Buch, Tag, Aufgabe, Kinder, Buchtitel, Computer, Bücher, Bibliothek

108 So könnte deine Lösung aussehen: Jonas füttert die Schlange. Peter hasst das Gedränge. Ich kenne den Kassierer. Schnell finde ich den Ausgang.

109 ●○○ Wer richtig fragt, bekommt auch Antwort!

So gut war ich.

Nomen stehen in einem bestimmten Fall, dem Kasus. Unterstreiche die passende Frage.

Den Dativ erfragt man mit **a)** Wird es heute regnen?

b) Wem?

c) Wen oder was?

110 ●○○ Im Zoo

So gut war ich.

Setze das, was in Klammern steht, richtig in die Lücke ein.

a) Carla gibt ______________________ eine Banane. (der Affe)

b) Heike schenkt ______________________ ein Stück Brot. (das Pferd)

c) Mona gibt ______________________ einen Fisch. (der Pinguin)

111 ●●○ Kinder und Katzen

So gut war ich.

Unterstreiche in den folgenden Sätzen die Nomen, die im Dativ stehen. Beachte, dass nicht jedes Nomen im Dativ steht, und überlege vorher noch einmal genau, wie man nach dem Dativ fragt.

a) Ben erlaubt Markus, die Katze zu füttern.
b) Markus gibt der Katze einen Fisch.
c) Markus gefällt es, sich um ein Haustier zu kümmern.
d) Er fragt seine Mutter, ob sie Vater eine Katze kaufen würde.
e) Die Mutter durchschaut Markus und verpasst Markus einen Denkzettel.
f) Sie sagt, dass sie Markus eine Katze gekauft hätte.
g) Dem Vater kauft sie keine Katze, da er sich nicht um sie kümmern würde.

109 b)

110 a) dem Affen; **b)** dem Pferd; **c** dem Pinguin

111 a) Ben erlaubt Markus, die Katze zu füttern. **b)** Markus gibt der Katze einen Fisch. **c)** Markus gefällt es, sich um ein Haustier zu kümmern. **d)** Er fragt seine Mutter, ob sie Vater eine Katze kaufen würde. **e)** Die Mutter durchschaut Markus und verpasst Markus einen Denkzettel. **f)** Sie sagt, dass sie Markus eine Katze gekauft hätte. **g)** Dem Vater kauft sie keine Katze, da er sich nicht um sie kümmern würde.

112 ●●○ Noch Fragen?

So gut war ich.

Frage nach dem unterstrichenen Wort und entscheide dann, ob es im Dativ steht.

a) Sybille schenkt der <u>Frau</u> einen Gutschein. ______________________

______________________ Dativ ja ● nein ●

b) Petra liest einen <u>Roman</u>. ______________________

______________________ Dativ ja ● nein ●

113 ●●○ Auf dem Markt

So gut war ich.

Unterstreiche das Dativnomen in jedem Satz und verwende es als Dativnomen in einem anderen Satz.

Der Obstverkäufer reicht einem <u>Mann</u> 1 Kilogramm Bananen.
Die Frau hinter dem Gemüsestand verkauft einem Mann Möhren.

a) Der Eisverkäufer schenkt dem Kind eine Kugel Erdbeereis.

____

b) Der Stand mit den Gewürzen gefällt meiner Mutter besonders gut.

____

c) Meinem Vater ist es hier zu langweilig.

____

d) Der Würstchenverkäufer wirft unserem Hund ein Stückchen Wurst zu.

____

e) Dem kommenden Markttag sehe ich mit Freude entgegen.

____

112 a) Wem schenkt Sybille einen Gutschein? (Dativ); **b)** Wen/was liest Petra? (Akkusativ)
113 a) dem Kind; **b)** meiner Mutter; **c** meinem Vater; **d)** unserem Hund; **e)** dem kommenden Markttag

114 ●●○ Wer mag Katzen?

So gut war ich. ☺ 😐 ☹

Setze das Nomen und den passenden Artikel oder das passende Adjektiv ein.

a) Markus gibt ______________________________ einen Fisch. (klein/die Katze)

b) ______________________________ ist das nicht recht. (der Fisch)

c) Markus flüstert ______________________________ etwas ins Ohr. (die Katze)

d) Die Katze streicht ______________________________ um die Füße. (der Junge)

e) Der Fisch hat ______________________________ sehr gut geschmeckt. (die Katze)

f) Markus und die Katze mögen sich so sehr, dass sie von ______________________________

getrennt werden können. (niemand)

115 ●●● Mag Markus Katzen?

So gut war ich. ☺ 😐 ☹

Die unterstrichenen Wörter in den vorgegebenen Sätzen stehen im Nominativ. Verwende diese im Folgesatz immer als Dativobjekt.

Markus mag Katzen.
Katzen gefallen Markus.

a) Die Mutter möchte ihm keine Katze kaufen.

Markus verspricht ______________________________, immer für die Katze zu sorgen.

b) Der Vater bekommt von Markus eine Katze.

Markus schenkt ______________________________ eine Katze.

c) Die Katze hat Hunger.

______________________________ knurrt der Magen.

114 a) der kleinen Katze; **b)** dem Fisch; **c)** der Katze; **d)** dem Jungen; **e)** der Katze; **f)** niemandem
115 a) der Mutter; **b)** dem Vater; **c)** der Katze

116 ●○○ Wer richtig fragt, bekommt auch Antwort!

So gut war ich. ☺ 😐 ☹

Nomen stehen in einem bestimmten Fall, dem Kasus. Unterstreiche die passende Frage.

Den Genitiv erfragt man mit **a)** Wem oder Was?

b) Wessen?

c) Wie spät ist es?

d) Was geht?

e) Wer oder Was?

f) Warum?

g) Wovor?

h) Wie?

117 ●●○ Chaos im Klassenzimmer

So gut war ich. ☺ 😐 ☹

Als die Klasse 5d nach der Pause in ihr Klassenzimmer zurückkommt, trauen die Kinder ihren Augen nicht. Alles ist durcheinander und der Inhalt aller Schultaschen liegt im Klassenzimmer verstreut. Alle versuchen nun gemeinsam, die Sachen wieder zu ordnen. Unterstreiche alle Nomen im Genitiv.

a) Die roten Hefte sind die der Schülerin Kerstin.

b) Unter dem Pult liegen der Stift des Lehrers und der Griff des Fensters.

c) Die Deutschbücher aller Kinder liegen auf den Schränken.

d) Die Hoffnung der Direktorin ist, dass die Übeltäter bald gefasst werden.

e) Sie werden dann den Klassenraum der Klasse aufräumen und putzen müssen.

f) Die Kinder sind besonders enttäuscht, da die Bilder der letzten Kunststunden alle von den Wänden gerissen wurden.

g) Die Gemeinheit der Übeltäter scheint also grenzenlos zu sein.

h) Die Freude der Klasse wird groß sein, wenn alles wieder in Ordnung ist.

116 b)

117 a) Schülerin; **b)** Lehrers, Fensters; **c)** Kinder; **d)** Direktorin; **e)** Klasse; **f)** Kunststunden; **g)** Übeltäter; **h)** Klasse

118 ●○○ Was ist es?

So gut war ich.

Schreibe den Kasus hinter die Nomen.

Ali **(a)** (____________________) hat Geburtstag. Er freut sich besonders darauf, alle Freunde **(b)** (____________________) einzuladen. Pünktlich um drei Uhr stehen Alis **(c)** (____________________) Freunde auch schon vor der Tür. Ali freut sich, dass er den Freunden **(d)** (____________________) mit dem Fest eine Freude machen kann. Er berichtet der Mutter **(e)** (____________________) am Abend, wie schön es war.

119 ●●○ Alle zusammen

So gut war ich.

Bilde jetzt selbst Sätze, die Nomen in dem angegebenen Fall oder den angegebenen Fällen enthalten.

Nominativ

Die Kinder laufen.

a) Nominativ (Auto)

____

b) Akkusativ (Gärtner)

____

c) Dativ (Mutter)

____

d) Nominativ + Akkusativ (Kind, Katze)

____

118 (a) Nominativ; **(b)** Akkusativ; **(c)** Genitiv; **(d)** Dativ; **(e)** Dativ
119 So könnte deine Lösung aussehen: **a)** Das Auto fährt. **b)** Ich sehe den Gärtner. **c)** Du hilfst der Mutter.
d) Das Kind streichelt die Katze.

120 ●●○ Wer oder Wen?

So gut war ich.

Jan räumt nicht gerne sein Zimmer auf. Deswegen mogelt er, wo es nur möglich ist, und lässt sich allerhand einfallen, damit das Aufräumen schneller geht. Unterstreiche alle markierten Nomen, die im Nominativ stehen, und alle markierten Nomen, die im Akkusativ stehen, mit unterschiedlichen Farben.

Jan räumt die Spielzeugautos auf den Schrank. Die Schreibtischschublade ist jetzt das neue Zuhause der Fernbedienung. Die Computerspiele liegen nun unter dem Bett. Den Tennisschläger steckt Jan in den Abfalleimer. Die Zeichensachen kehrt Jan unter den Teppich. Den Kleiderhaufen versteckt er hinter der Tür. Den Fußball legt er auf die Fensterbank. Im Kleiderschrank verstaut er die Hausaufgaben. Der Wecker verschwindet in der Dusche. Den alten Stoffhund schenkt er einfach seiner Schwester. Die Schwester schenkt ihm dafür eine Lichterkette. Die hängt Jan über den Baum vor seinem Fenster. Die Spielesammlung stellt er hinter den Lampenschirm. Den Atlas versteckt er schließlich unter den Socken im Schrank. Nur das schmutzige Geschirr trägt er in die Küche. Das schlechte Gewissen kann er nicht verstecken, als die Mutter ihn fragt, ob er schon fertig ist.

121 ●●● Ein glücklicher Fall

So gut war ich.

Schreibe in die Klammern, in welchem Fall das Unterstrichene steht.

Zwei Männer (a) (______________) treffen sich abends auf der Straße. Da fragt der eine den anderen (b) (______________): „Wie kommt es nur, dass du dich so sehr deines Lebens (c) (______________) freust?" „Ich habe im Lotto gewonnen und werde meinen Job (d) (______________) gleich kündigen", antwortet der andere und fragt gleich hinterher: „Und warum freust du dich? Hast du auch etwas gewonnen?" „Im Gegenteil", sagt da der andere, „ich werde gleich einen Mann (e) (______________) verlieren." Der Lottogewinner wundert sich und schaut den anderen fragend an. Dieser lacht verschmitzt und sagt: „Ich verliere gleich meinen faulsten Mitarbeiter (f) (______________)!" Der Lottogewinner (g) (______________) schaut den anderen beleidigt an und geht.

120 Nominativ: Jan, die Schreibtischschublade, die Computerspiele, der Wecker, die Schwester, die Mutter; **Akkusativ:** die Spielzeugautos, den Tennisschläger, die Zeichensachen, den Kleiderhaufen, den Fußball, die Hausaufgaben, den Stoffhund, eine Lichterkette, die Spielesammlung, den Atlas, das Geschirr, das Gewissen

121 (a) Nominativ; **(b)** Akkusativ; **(c)** Genitiv; **(d)** Akkusativ; **(e)** Akkusativ; **(f)** Akkusativ; **(g)** Nominativ

122 ●○○ Der bestimmte Artikel

So gut war ich. ☺ 😐 ☹

Ein Artikel steht immer bei einem Nomen. Setze die passenden Artikel in die Lücken ein.

(a) ________ Freude war groß, als **(b)** ________ Vater **(c)** ________ Kindern mitteilte, dass es in **(d)** ________ Ferien wieder an **(e)** ________ Meer geht. **(f)** ________ Kinder jubelten, weil sie sich daran erinnerten, wie schön es war, im letzten Sommer am Meer **(g)** ________ Sand unter **(h)** ________ Füßen zu spüren und **(i)** ________ schönste Sandburg am ganzen Strand zu bauen. Nur an **(j)** ________ Stau auf der Autobahn erinnern sich **(k)** ________ Kinder nicht gern, da **(l)** ________ Langeweile groß war. **(m)** ________ Vater beruhigt **(n)** ________ Kinder, indem er **(o)** ________ Zugfahrkarten zeigt. **(p)** ________ Kinder freuen sich, dass **(q)** ________ Urlaub diesmal ohne **(r)** ________ lästigen Stau beginnen wird.

123 ●●○ Auf alle Fälle

So gut war ich. ☺ 😐 ☹

Bestimme Kasus, Numerus und Genus der Artikel, die vor den Nomen stehen.

a) Das Haus ist groß.

____

b) Der Mann kauft das Haus.

____

c) Er besichtigt vorher aber die Zimmer des Hauses.

____

d) Er gibt den Freunden seine neue Adresse.

____

122 (a) Die Freude; **(b)** der Vater; **(c)** den Kindern; **(d)** den Ferien; **(e)** das Meer; **(f)** Die Kinder; **(g)** den Sand; **(h)** den Füßen; **(i)** die schönste Sandburg; **(j)** den Stau; **(k)** die Kinder; **(l)** die Langeweile; **(m)** Der Vater; **(n)** die Kinder; **(o)** die Zugfahrkarten; **(p)** Die Kinder; **(q)** der Urlaub; **(r)** den lästigen Stau

123 a) Nominativ, Singular, neutrum; **b)** Akkusativ, Singular, neutrum; **c)** Genitiv, Singular, neutrum; **d)** Dativ, Plural, maskulinum

So gut war ich.

124 ●●○ „Das“ falsche Artikel

In dieser Übung haben viele Nomen falsche Artikel. Schreibe den Text ab und setze die richtigen Artikel ein.

Letzten Sommer sind wir mit die Auto nach Italien gefahren. Das Stau auf der Autobahn war sehr langweilig. Wir haben aber sehr viel von dem Landschaft gesehen, sodass ich die Kontinent ein bisschen besser kennengelernt habe.

So gut war ich.

125 ●●● Nutze dein Wissen!

Verwende die Nomen wie angegeben in einem Satz. Verwende in jedem Satz den bestimmten Artikel.

Nominativ, Singular, femininum (Blume)
Die Blume blüht.

a) Dativ, Plural, maskulinum (Hunde)

b) Akkusativ, Singular, neutrum (Pferdchen)

c) Akkusativ, Plural, neutrum (Spiel)

d) Dativ, Singular, maskulinum (Bauer)

124 die falschen Artikel: die Auto, das Stau, dem Landschaft, die Kontinent
die richtigen Artikel: dem Auto, der Stau, der Landschaft, den Kontinent

125 So könnte deine Lösung aussehen: **a)** Ich gebe den Hunden Futter. **b)** Du bewunderst das Pferdchen. **c)** Ludwina plant die Spiele für Evas Geburtstagsparty. **d)** Wir helfen dem Bauern.

126 ●○○ Der unbestimmte Artikel

So gut war ich.

Auch der unbestimmte Artikel begleitet ein Nomen. Ihn gibt es allerdings nur im Singular. Unterstreiche alle unbestimmten Artikel.

Ein Hund lebt lange. Darum muss man sich, bevor man sich einen Hund anschafft, gut überlegen, ob man auch bereit ist, sich so lange um einen Hund kümmern zu wollen. Eine Verantwortung für ein Tier kann man nicht einfach abgeben. Man sollte sich also vorher ein paar Gedanken machen und sich erst ein Tier anschaffen, das eine kurze Lebenserwartung hat.

127 ●●○ Ein ganz besonderes Kaninchen

So gut war ich.

Setze die passenden unbestimmten Artikel in die Lücken des Textes ein.

Veronika wünscht sich zu Weihnachten **(a)** ______________ Kaninchen. Sie beschreibt es vorher ganz genau und sagt: „ Das Kaninchen hat **(b)** ______________ helles Fell und **(c)** ______________ freundliches Wesen. Es geht an **(d)** ______________ Leine im Park spazieren und mag auch gerne mal **(e)** ______________ Knochen. Besonders lustig ist es, wenn es mit **(f)** ______________ Freude, die man sich kaum vorstellen kann, an mir hochspringt. Ich hoffe aber, dass es nicht irgendwann einmal **(g)** ______________ Katze **(h)** ______________ Baum hochjagt. Wenn es auf **(i)** ______________ anderes Kaninchen im Parkt trifft, schnuppert es erst einmal. Wenn man es sucht, muss man nur rufen und **(j)** ______________ lautes Bellen verrät, wo es ist. **(k)** „______________ schönes Kaninchen wünschst du dir da", sagt die Mutter.

126 Ein Hund lebt lange. Darum muss man sich, bevor man sich einen Hund anschafft, gut überlegen, ob man auch bereit ist, sich so lange um einen Hund kümmern zu wollen. Eine Verantwortung für ein Tier kann man nicht einfach abgeben. Man sollte sich also vorher ein paar Gedanken machen und sich erst ein Tier anschaffen, das eine kurze Lebenserwartung hat.

127 (a) ein; **(b)** ein; **(c)** ein; **(d)** einer; **(e)** einen; **(f)** einer; **(g)** eine; **(h)** einen; **(i)** ein; **(j)** ein; **(k)** Ein

128 ●●○ Richtig oder falsch?

So gut war ich.

Kreuze an, welche der Angaben über den unbestimmten Artikel richtig sind. (Tipp: Beachte bei der Kasusbestimmung, dass der unbestimmte Artikel und das dazugehörige Nomen im gleichen Fall stehen.)

a) Friedrich gibt Torben eine Kopfnuss.

Genitiv ○ femininum ○ Singular ○

b) Veronika macht eine Reise.

Akkusativ ○ maskulinum ○ Plural ○

c) Katrin hat die Stimme eines Stars.

Genitiv ○ maskulinum ○ Singular ○

d) Ria bekommt eine Auszeichnung.

Dativ ○ neutrum ○ Plural ○

129 ●●● Sätze bilden

So gut war ich.

Bilde Sätze, die einen unbestimmten Artikel in der vorgegebenen Form enthalten.

Nominativ, neutrum (Tief, ziehen, Atlantik)
Ein Tief zieht über den Atlantik.

a) Dativ, femininum (Paul, geben, Katze)

____

b) Genitiv, maskulinum (Johanna, gedenken, berühmter Künstler)

____

c) Akkusativ, neutrum (Ich, lesen, Buch)

____

d) Nominativ, maskulinum (Mann fahren, Italien)

____

128 a) femininum, Singular; **b)** Akkusativ; **c** Genitiv, Singular, maskulinum; **d)** alle Behauptungen sind falsch
129 So könnte deine Lösung aussehen: **a)** Paul gibt einer Katze einen Fisch. **b)** Johanna gedenkt eines berühmten Künstlers. **c)** Ich lese ein Buch. **d)** Ein Mann fährt nach Italien.

130 ●○○ Wer mag was? I

So gut war ich.

Statt einer Person steht oft ein Personalpronomen. Die Personalpronomen vertreten also eine Person. Unterstreiche in den folgenden Sätzen das Personalpronomen.

a) Linda mag Hunde. Sie wünscht sich schon lange einen Hund.

b) Ich mag Schildkröten lieber. Schildkröten laufen nicht so schnell davon.

c) Verena und Tina kümmern sich um ein Pony. Sie machen ihre Sache gut.

d) Alfons sagt: „Ihr seid ja alle verrückt. Ein Tier macht zu viel Arbeit."

e) Linda antwortet: „Du hast ja keine Ahnung. Es macht Spaß."

f) Verena und Tina sagen: „Wir teilen uns die Arbeit."

131 ●●○ Wer mag was? II

So gut war ich.

Schreibe die Sätze ab und ersetze die markierten Wörter durch ein Personalpronomen.

Antje trinkt gerne Tee.
Sie trinkt gerne Tee.

a) Holger trinkt lieber Wasser.

b) Albert mag am liebsten Saft.

c) Das Baby trinkt nur Milch.

d) Ariane und Friedrich mögen weder Saft noch Milch.

130 a) Sie; **b)** Ich; **c)** Sie; **d** Ihr; **e)** Du; **f)** Wir
131 a) Er trinkt lieber Wasser. **b)** Er mag am liebsten Saft. **c)** Es trinkt nur Milch. **d)** Sie mögen weder Saft noch Milch.

132 ●●○ Singular oder Plural?

So gut war ich.

In welcher Person tauchen in den Sätzen die Personalpronomen auf?

a) Wir freuen uns auf die Gäste.

1. Person Singular	2. Person Singular	3. Person Singular
1. Person Plural	2. Person Plural	3. Person Plural

b) Ich freue mich auf den Sommer.

1. Person Singular	2. Person Singular	3. Person Singular
1. Person Plural	2. Person Plural	3. Person Plural

c) Ihr freut euch auf die Ferien.

1. Person Singular	2. Person Singular	3. Person Singular
1. Person Plural	2. Person Plural	3. Person Plural

d) Sie freuen sich auf das Wochenende.

1. Person Singular	2. Person Singular	3. Person Singular
1. Person Plural	2. Person Plural	3. Person Plural

133 ●●○ Ein würdiger Stellvertreter

So gut war ich.

Setze in die Lücken passende Personalpronomen ein.

Der Vater war wütend. **(a)** ________ schrie Lars und Volker an: „ **(b)** ________ seid wohl wahnsinnig, so spät nach Hause zu kommen. Eure Mutter und **(c)** ________ warten seit zwei Stunden auf **(d)** ____________, **(e)** ________ machen uns große Sorgen. Wenn **(f)** ________ das nächste Mal länger bei euren Freunden bleiben wollt, dann fragt **(g)** ________, ob ihr kurz telefonieren dürft und ruft **(h)** ________ an."

132 a) 1. Person Plural; **b)** 1. Person Singular; **c)** 2. Person Plural; **d)** 3. Person Plural

133 (a) Er; **(b)** Ihr; **(c)** ich; **(d)** euch; **(e)** wir; **(f)** ihr; **(g)** sie; **(h)** uns

134 ●●● Von Fall zu Fall

So gut war ich.

Personalpronomen stehen wie die Nomen, die sie ersetzen, in einem bestimmen Fall. Bestimme den Kasus der Personalpronomen.

Der Hund beißt den Schornsteinfeger. Ein Mann tröstet ihn.
Akkusativ

a) Verena schenkt Tina ein Buch. Verena gibt es ihr in die Hand.

b) Verena schenkt Tina ein Buch. Sie gibt es Tina in die Hand.

c) Harald gedenkt seiner Ahnen. Harald gedenkt ihrer.

d) Erika sucht ihren Hund. Erika ruft ihn.

135 ●●● Ich und du, Müllers Kuh

So gut war ich.

Verwende die Personalpronomen in der angegebenen Form. Denke dir für jedes Personalpronomen einen Satz aus.

a) 1. Person Singular, Nominativ

b) 3. Person Plural, Dativ

c) 2. Person Singular, Akkusativ

d) 1. Person Plural, Dativ

134 a) Dativ (ihr); **b)** Nominativ (Sie); **c)** Genitiv (ihrer); **d)** Akkusativ (ihn)
135 a) Ich …; **b)** … ihnen …; **c)** … dich …; **d)** … uns …

136 ●○○ Was gehört wem? I

So gut war ich.

Emil leiht sich oft Sachen von seinen Freunden aus. Unterstreiche alle besitzanzeigenden Fürwörter (Possessivpronomen).

a) Emil schreibt mit Joachims Füller. Sein Füller schreibt schöner als Emils Füller.

b) Emil hat sich von Anna das Skateboard geliehen. Ihr Skateboard ist viel schneller als Emils Skateboard.

c) Emil hat sich von euch zwei Mathehefte zum Lernen geborgt, denn eure Hefte sind viel ordentlicher als Emils Heft.

d) Emil hat sich von uns eine Tasse geliehen, weil Emils Tasse heruntergefallen ist. Unsere Tassen sind noch nicht heruntergefallen.

e) Anna kommt auf einem Fahrrad angefahren. „Emil, das ist dein Fahrrad", sagt Anna. Das hast du mir geliehen.

137 ●●○ Wem gehört was? II

So gut war ich.

Emil und seine Freunde veranstalten einmal im Monat einen „Tag des Zurückgebens". Emil bringt leider immer alles durcheinander. Setze die passenden Possessivpronomen in die Lücken. (Tipp: Mache zuerst den Kurztest 136, dann ist es leichter.)

Emil hat vergessen, dass der Füller Joachim gehört. Anna sagt Emil, dass es sich um

(a) ____________________ Füller handelt.

Joachim weiß, dass das Skateboard Anna gehört, und er muss Emil sagen, dass es

(b) ____________________ Skateboard ist.

Emil sucht seit Tagen verzweifelt **(c)** ____________________ Fahrrad. Anna erinnert ihn daran, dass **(d)** ____________________ Fahrrad eigentlich **(e)** ____________________ Fahrrad ist und sagt: „Emil, hier ist doch **(f)** ____________________ Fahrrad." „Danke, du bist **(g)** ____________________ Rettung", sagt Emil.

137 (a) seinen; **(b)** ihr; **(c)** sein; **(d)** ihr; **(e)** sein; **(f)** dein; **(g)** meine

136 a) sein; **b)** ihr; **c)** eure; **d)** unsere; **e)** dein

138 ●○○ Alle auf einmal

So gut war ich.

Finde das Possessivpronomen in der vorgegebenen Form.

a) 1. Person Singular:

__________ Bücher stehen im Bücherregal.

b) 2. Person Singular:

__________ Schuhe sind viel zu klein.

c) 3. Person Singular:

__________ Tasche steht auf dem Tisch.

d) 1. Person Plural:

__________ Koffer wurden vertauscht.

e) 2. Person Plural:

__________ Lieblingslieder werden auf der Party gespielt.

f) 3. Person Plural:

__________ Fußballschuhe sehen alle gleich aus.

139 ●●● Das Possessivpronomen und die Fälle

So gut war ich.

Setze das passende Possessivpronomen in den Text ein und kreuze den Kasus an, in dem das Possessivpronomen steht.

a) Für das Fahrrad hat Charlotte lange gespart. Jetzt gehört es __________.

Nominativ ○ Genitiv ○ Dativ ○ Akkusativ ○

b) Harald liebt die Sonne. Er erfreut sich __________.

Nominativ ○ Genitiv ○ Dativ ○ Akkusativ ○

c) Sarah und Wiebke haben jeweils eine Katze. Sarah füttert aber nur __________.

Nominativ ○ Genitiv ○ Dativ ○ Akkusativ ○

138 a) Meine; **b)** Deine; **c)** Seine/Ihre; **d)** Unsere; **e)** Eure; **f)** Ihre

139 a) ihr – Dativ; **b)** ihrer – Genitiv; **c)** ihre – Akkusativ;

140 ●○○ Das Demonstrativpronomen (hinweisendes Fürwort)

So gut war ich.

Das Demonstrativpronomen verweist auf einen Gegenstand oder eine Person. Unterstreiche das Demonstrativpronomen im Satz.

a) Die Bäume neigen sich im Wind. Dieser dort neigt sich besonders stark.

b) Jenes Haus dort wird zum Verkauf angeboten.

c) Jonas war gestern im Kino. Diesen Film hat er leider schon gesehen.

d) Patrick hat sich neue Schuhe gekauft. Dieselben findet seine Mutter am nächsten Tag im Müll.

e) Derjenige, der durch das Rosenbeet getrampelt ist, soll sich bitte melden!

f) Dies möchte ich nicht haben.

g) Jenes wäre mir lieber.

141 ●●○ Im Fahrradgeschäft

So gut war ich.

Susanne darf sich zu ihrem Geburtstag ein neues Fahrrad aussuchen. Im Fahrradgeschäft denkt sie laut über die Vorteile des einen oder anderen Fahrrads nach. Setze das Demonstrativpronomen „dieses" im passenden Kasus in die Lücken ein.

Ein gelbes Fahrrad wäre schön. **(a)** ____________________ ist zwar gelb, ist aber noch viel zu groß. Jenes hat die richtige Größe, die Farbe ist aber langweilig. Der Händler hat aber gesagt, dass es **(b)** ____________________ Modell auch noch in anderen Farben gibt. Wenn es **(c)** ____________________ Fahrrad in jener Farbe dort gäbe, würde ich es sofort kaufen. Der Händler hat eine merkwürdige Idee und fragt Susanne: „Wenn ich **(d)** ____________________ Fahrrad einen neuen Anstrich verpassen würde, würdest du es dann kaufen?" Susanne antwortet: **(e)** „____________________ Idee ist die dümmste Idee, die ich je in **(f)** ____________________ Fahrradgeschäft gehört habe."

140 a) Dieser; **b)** Jenes; **c)** Diesen; **d)** Dieselben; **e)** Derjenige; **f)** Dies; **g)** Jenes

141 (a) Dieses; **(b)** dieses; **(c)** dieses; **(d)** diesem; **(e)** Diese; **(f)** diesem

142 ●○○ Susannes Fahrrad

So gut war ich.

Das Relativpronomen leitet den Relativsatz ein. Es steht im Zusammenhang mit einem Nomen oder mit dem ganzen übergeordneten Satz. Schreibe aus jedem Satz das Relativpronomen und das Nomen heraus, auf das sich das Relativpronomen bezieht. (Tipp: Bei einem der fünf Sätze musst du statt eines Nomens den ganzen übergeordneten Satz herausschreiben.)

a) Das Fahrrad, das am Eingang steht, ist gelb.

____

b) Das Fahrrad, das an der Wand hängt, hat die richtige Größe.

____

c) Das Fahrrad, welches die richtige Größe und eine schöne Farbe hat, wird der Händler gleich holen.

____

d) Der Händler ist die Person, die gleich das Fahrrad bringen wird.

____

e) Der Händler weiß nicht genau, was Susanne will.

____

143 ●●○ Daniels Fahrrad

So gut war ich.

Einige Jahre später darf sich auch Susannes kleiner Bruder, Daniel, ein Fahrrad aussuchen. Im Fahrradgeschäft denkt auch Daniel laut darüber nach, welches Fahrrad wohl am besten für ihn sei. Schreibe auf, was Daniel in dieser Situation vor sich hinmurmelt und verwende in deinem Text die Demonstrativpronomen *jenes* und *dieses* und die Relativpronomen *welches, was* und *das*.

____

____

____

____

142 a) Fahrrad – das; **b)** Fahrrad – das; **c)** Fahrrad – welches; **d)** Person – die; **e)** Der Händler weiß nicht genau – was

144 ●○○ Fragen über Fragen

So gut war ich.

Kreuze alle Fragepronomen an.

- wer
- ihr
- du
- das
- dies
- wo
- was
- warum
- sie
- ich
- wann
- jenes

145 ●○○ Wer hat gerufen?

So gut war ich.

Das Interrogativpronomen (Fragepronomen) steht anstelle eines Nomens oder bei einem Nomen. Ergänze in dem Text die Interrogativpronomen sinnvoll.

Berrit: „Olga, kannst du mir bitte die Zeitschrift vom Tisch geben?"

Olga: **(a)** „__________ ruft mich da?"

Berrit: „Ich habe gerufen. Reich mir bitte die Zeitschrift vom Tisch."

Olga: **(b)** „__________ fällt dir ein, mich herumzukommandieren?"

Berrit: „Sei bitte so nett und reiche mit die Zeitschrift vom Tisch."

Olga: **(c)** „____________________ meinst du denn?"

Berrit: „Die Computerzeitschrift."

Olga: „Sag das doch gleich."

Berrit: **(d)** „__________ ?"

Olga: „Das!"

144 wer, was, wann, wo, warum

145 **(a)** wer; **(b)** was; **(c)** welche; **(d)** was

146 ●●○ Dummme Fragen erwünscht!

So gut war ich.

Denke dir für jedes Fragepronomen eine Frage aus.

wer: ______________________________

was: ______________________________

wem: ______________________________

wann: ______________________________

wo: ______________________________

wen: ______________________________

wie: ______________________________

147 ●●● Kasus und Numerus beim Interrogativpronomen

So gut war ich.

Bestimme Kasus und Numerus des jeweiligen Interrogativpronomens.

a) Wo sind die Socken? Welche (______________) meinst du denn?

b) Wen (______________) hast du getroffen?

c) Wem (______________) soll ich die schönen Grüße ausrichten?

d) Wer (______________) ruft eigentlich so spät noch an?

e) Wessen (______________) Bücher würdest du gerne lesen?

147 a) Akkusativ – Plural; **b)** Akkusativ – Singular; **c)** Dativ – Singular; **d)** Nominativ – Singular; **e)** Genitiv – Plural

148 ●○○ Was ist ein unbestimmtes Fürwort?

So gut war ich.

Ein unbestimmtes Fürwort benutzt man, wenn man von etwas nicht die genaue Menge kennt oder etwas nicht zählbar ist. So kann z. B. in einem Rezept statt der Angabe „20 Gramm Mehl“ die Angabe „etwas Mehl“ stehen.
Kreuze an, in welchen Sätzen ein unbestimmtes Fürwort vorkommt.

a) Viele Menschen stehen vor dem Kino.

b) Drei Menschen stehen vor dem Kino.

c) Alle freuen sich auf den Sommer.

d) Viele freuen sich auf den Sommer.

e) Niemand freut sich auf den Sommer.

f) Zwölf freuen sich auf den Sommer.

g) Etwas ist hier merkwürdig.

h) Nichts ist hier merkwürdig.

i) Alles ist hier merkwürdig.

j) Zwei Dinge sind hier merkwürdig.

149 ●●○ Berufsverkehr

So gut war ich.

Setze in den Text die passenden unbestimmten Fürwörter ein.

alle, manche, andere, viele, alle, nichts

Morgens müssen **(a)** ________________ Menschen zur Arbeit. Dann staut es sich vor den roten Ampeln und **(b)** ________________ müssen warten. **(c)** ________________ werden dabei sehr ungeduldig und fluchen, wohingegen **(d)** ________________ ganz ruhig bleiben. Am wichtigsten ist aber, dass um diese Zeit **(e)** ________________ passiert und **(f)** ________________ pünktlich zu ihren Arbeitsstellen kommen.

148 a) viele; **c)** alle; **d)** viele; **e)** niemand; **g)** etwas; **h)** nichts; **i)** alles
149 (a) viele/manche; **(b)** alle; **(c)** manche/viele; **(d)** andere; **(e)** nichts; **(f)** alle

150 ●●○ Im Flugzeug

So gut war ich.

Bestimme den Kasus des Indefinitpronomens.

Allen **(a)** (____________________) Langstreckenflügen ist gemeinsam, dass die meisten **(b)** (____________________) Passagiere die gute Verpflegung an Bord genießen. Das Bordpersonal bringt allen **(c)** (____________________) Passagieren Getränke. Viele **(d)** (____________________) mögen Kaffee, manche **(e)** (____________________) trinken Tee, andere **(f)** (____________________) entscheiden sich für etwas Anderes. Später bringt das Bordpersonal das Mittagessen. Dazu schieben die Mitarbeiter immer einige **(g)** (____________________) Teller mit Essen auf einem Rollwagen durch die Gänge.

Manche Passagiere **(h)** (____________________) sind ungeduldig und möchten möglichst schnell etwas **(i)** (____________________) zu essen haben.

Einige **(j)** (____________________) Zeit nimmt das Servieren des Essens schon in Anspruch, aber am Ende werden ganz sicher alle **(k)** (____________________) satt.

151 ●●● Im Zug

So gut war ich.

Manche Menschen reisen lieber mit der Bahn als mit dem Flugzeug. Verwende einige der Indefinitpronomen aus dem vorherigen Kurztest und bilde mit ihnen eigene Sätze zum Thema „Reisen im Zug".

____

____

____

____

____

150 (a) Dativ; **(b)** Nominativ; **(c)** Dativ; **(d)** Nominativ; **(e)** Nominativ; **(f)** Nominativ; **(g)** Akkusativ; **(h)** Nominativ; **(i)** Akkusativ; **(j)** Akkusativ; **(k)** Nominativ

152 ●○○ Wer ist er?

So gut war ich. ☺ 😐 ☹

Kreuze an, welche Verben in der dritten Person Singular stehen.

a) ich gehe ○ **b)** er sieht ○ **c)** du fährst ○ **d)** sie schreit ○

e) wir rufen ○ **f)** du ruhst ○ **g)** er kommt ○ **h)** sie stehen ○

i) es steht ○ **j)** wir sind ○ **k)** sie sagt ○ **l)** du siehst ○

m) ich traue ○ **n)** du fährst ○ **o)** sie kommt ○ **p)** sie kommen ○

153 ●○○ Du fehlst

So gut war ich. ☺ 😐 ☹

Setze die zweite Person Singular in die Lücken des Textes ein.

Lieber Erwin,

sicher erinnerst **(a)** ______ dich noch an mich. Ich habe vor einem Jahr immer mit dir in unserem Garten gespielt. Leider sind wir ja umgezogen und **(b)** ______ hattest keine Zeit, dich von mir zu verabschieden. Deswegen hast **(c)** ______ mich auch nicht mehr gesehen und **(d)** ______ hast sicher gedacht, ich bin einfach so verschwunden. Ich schreibe einen Brief, um dir zu sagen, dass **(e)** ______ mir fehlst. Ich hoffe, **(f)** ______ kommst mich bald einmal besuchen.

Dein Johannes

154 ●○○ Wünsche

So gut war ich. ☺ 😐 ☹

Die Kinder der 5c wünschen sich für ihren Schulhof viele Dinge. Was könnten sie sich wünschen? Verwende die erste Person Singular am Beginn des Satzes.

Kevin: Ich wünsche mir einen Fußballplatz.

Lotta: ______________________________

Uli: ______________________________

152 b) er sieht; **d)** sie schreit; **g)** er kommt; **i)** es steht; **k)** sie sagt; **o)** sie kommt

153 In jede Lücke muss ***du*** eingesetzt werden.

154 Jeder Satz muss mit ***Ich*** beginnen.

155 ●○○ Wer beschenkt wen?

So gut war ich.

Setze die richtige Form von *schenken* ein.

Tinas kleiner Bruder Bert ist besonders gespannt, wer an Weihnachten wem etwas schenken wird und überlegt gemeinsam mit seiner großen Schwester Tina, ob sie Oma dieses Jahr nicht etwas gemeinsam **(a)** ____________________ sollen. „Wenn ich dir das Buch **(b)** ____________________, das du dir sowieso kaufen wolltest, dann sparst du dir das Geld und du **(c)** ____________________ mir dann die CD, die sich Mama schon so lange wünscht. Papa bekommt dann zufälligerweise die CD von mir und der **(d)** ____________________ sie dann Mama." Tina unterbricht Bert in seinen Überlegungen und sagt: „Bert, es geht an Weihnachten nicht darum, sich gegenseitig für wenig Geld möglichst viel zu **(e)** ____________________. Wir sollten uns nicht so viel schenken." Die Mutter hat das Gespräch mitgehört und unterstützt Tina. „Wenn ihr euch so viel **(f)** ____________________, könnt ihr Weihnachten gar nicht mehr richtig genießen."

156 ●○○ Wer gehört zu wem?

So gut war ich.

Ordne nun die unterschiedlichen Formen von *schenken*, die du im Kurztest 155 eingesetzt hast, den richtigen Personen zu. Schreib den Infinitiv gesondert auf.

1. Pers. Sg.	2. Pers. Sg.	3. Pers. Sg.	1. Pers. Pl.	2. Pers. Pl.	3. Pers. Pl.

der Infinitiv: ______________________________

155 (a) schenken; **(b)** schenke; **(c)** schenkst; **(d)** schenkt; **(e)** schenken; **(f)** schenkt
156 In der Tabelle von links nach rechts: ich schenke, du schenkst, er schenkt, 1. Person Plural (wir schenken) fehlt, ihr schenkt, sie schenken
Infinitiv: (sich) schenken

157 ●○○ Paul, der Besserwisser

So gut war ich.

Paul weiß nicht nur über Nomen schlecht Bescheid, sondern auch über Verben und macht folgende Aussagen. Entscheide, ob die folgenden Aussagen falsch oder richtig sind.

a) Verben verraten uns nur die Uhrzeit.

richtig ● falsch ●

b) Verben verraten uns, was jemand tut oder was passiert.

richtig ● falsch ●

c) Verben werden konjugiert.

richtig ● falsch ●

d) Verben werden korrigiert.

richtig ● falsch ●

e) Verben werden kleingeschrieben.

richtig ● falsch ●

f) Verben werden falsch geschrieben.

richtig ● falsch ●

158 ●●○ Wer handelt hier?

So gut war ich.

Schreibe in die Klammern, in welcher Person das Verb steht.

Thore hat (*3. Pers. Sg.*) Ferien. Er erholt **(a)** (____________) sich gut von der Schule, die leider bald wieder beginnt **(b)** (____________). Da fällt ihm ein, dass ihn seine Freunde dann wieder fast jeden Tag sehen **(c)** (____________). „Dann können wir wieder jeden Tag miteinander reden", **(d)** (____________) murmelt Thore vor sich hin. „Träumst **(e)** (____________) du?", fragt da die Mutter.

158 (a) 3. Pers. Sg.; **(b)** 3. Pers. Sg.; **(c)** 3. Pers. Pl.; **(d)** 1. Pers. Pl.; **(e)** 2. Pers. Sg.
157 a) falsch; **b)** richtig; **c)** richtig; **d)** falsch; **e)** richtig; **f)** falsch

159 ●○○ Verben finden

So gut war ich. ☺ 😐 ☹

Unterstreiche in dem Text alle Verben. Achte darauf, dass Verben auch zweiteilig sein können (z. B. Er *gibt* das Buch in der Bibliothek *ab*.).

Karin weiß zwar, wo Brasilien liegt, aber zu Hause verlegt sie immer alles. Die Mutter: „Schön, dass du jetzt weißt, wo Brasilien liegt. Aber weißt du auch, wo ich diese Socke gefunden habe?“ Karin: „ In meinem Schrank?“ Die Mutter: „Das ist fast richtig. Im Kühlschrank habe ich sie gefunden.“ Karin: „Oh je, dann liegt meine Brille sicher auch dort, wo sie nicht liegen sollte.“ Die Mutter antwortet: „Genau, deine Brille habe ich im Bettkasten gefunden.“

160 ●●○ Verben und Personen

So gut war ich. ☺ 😐 ☹

Konjugiere die Verben und schreibe sie in die Tabelle.

Infinitiv	1. Pers. Sg.	2. Pers. Sg.	3. Pers. Sg.	1. Pers. Pl.	2. Pers. Pl.	3. Pers. Pl.
wissen	ich weiß	du weißt				
liegen						
verlegen						
finden						

159 Karin weiß zwar, wo Brasilien liegt, aber zu Hause verlegt sie immer alles. Die Mutter: „Schön, dass du jetzt weißt, wo Brasilien liegt. Aber weißt du auch, wo ich diese Socke gefunden habe?“ Karin: „In meinem Schrank?“ Die Mutter: „Das ist fast richtig. Im Kühlschrank habe ich sie gefunden.“ Karin: „Oh je, dann liegt meine Brille sicher auch dort, wo sie nicht liegen sollte.“ Die Mutter antwortet: „Genau, deine Brille habe ich im Bettkasten gefunden.“

160 wissen: er weiß, wir wissen, ihr wisst, sie wissen; **liegen:** ich liege, du liegst, er liegt, wir liegen, ihr liegt, sie liegen; **verlegen:** ich verlege, du verlegst, er verlegt, wir verlegen, ihr verlegt, sie verlegen; **finden:** ich finde, du findest, er findet, wir finden, ihr findet, sie finden

161 ●○○ Ein anderer Ton

So gut war ich.

Kreuze an, bei welchen Aussagen es sich um die Befehlsform (den Imperativ) handelt.

a) Gib mir das Buch!

b) Könntest du mir das Buch geben?

c) Wärst du vielleicht so lieb und würdest mir bitte das Buch geben?

d) Gib das Buch sofort her!

e) Behalte das Buch doch!

f) Du könntest deine Tasse auch behalten.

g) Wozu brauchst du die Tasse eigentlich?

h) Ich habe dich etwas gefragt.

i) Antworte mir!

162 ●●○ Hör zu!

So gut war ich.

Der Imperativ wird benutzt, um Befehle zu formulieren. Formuliere kurze Imperativsätze zu den Wünschen von Natascha.

Natascha wünscht sich, dass Helga ihr eine Tasse reicht und sagt:
„Reich (oder: Reiche) mir eine Tasse!“

a) Natascha wünscht sich, dass Stella ihr einen Tee kocht und sagt:

____

b) Natascha wünscht, dass Bello ihr aus dem Weg geht und sagt:

____

c) Natascha wünscht, dass Alina Nudeln kauft und sagt:

____

161 a), d), e), i)

162 a) „Koch (oder: Koche) mir einen Tee!“; **b)** „Geh (oder: Gehe) mir aus dem Weg!“; **c)** „Kauf (oder: Kaufe) Nudeln!“

163 ●●○ Geh endlich mit dem Hund spazieren!

So gut war ich.

Pat wollte schon immer einen Hund und hat zu ihrem letzten Geburtstag nun endlich einen Husky bekommen. Ein Husky braucht viel Pflege und Pats Eltern erinnern Pat immer wieder daran, was zu tun ist. Wandle die folgenden Aussagen in Imperative um.

Pats Eltern erinnern Pat daran, dass sie

mit dem Hund spazieren gehen muss.
Geh (oder: Gehe) mit dem Hund spazieren!

a) den Hund füttern muss.

____

b) mit dem Hund spielen muss.

____

c) den Hund bürsten muss.

____

164 ●●● Fahrt zum Tierarzt!

So gut war ich.

Es macht viel Spaß, einen Hund zu haben, aber manche Aufgaben kann Pat noch nicht allein erledigen. Ihre Eltern helfen ihr dabei, aber Pat muss sie oft daran erinnern. Wandle folgende Aussagen in den Imperativ um.

Pat erinnert ihre Eltern daran, dass

der Hund zum Tierarzt muss.

Fahrt mit dem Hund zum Tierarzt!

a) die Eltern neues Futtern kaufen müssen.

____

b) Pat und ihr Husky zur Hundeschule gefahren werden müssen.

____

164 a) Kauft neues Futter! **b)** Fahrt den Hund und mich zur Hundeschule!
163 a) Füttere (oder: Fütter) den Hund! **b)** Spiel (oder: Spiele) mit dem Hund! **c)** Bürste den Hund!

165 ●○○ Die Gegenwart, das Präsens

So gut war ich.

Die Verben stehen alle in der Vergangenheit. Wandle sie in die Gegenwart, das Präsens, um.

a) ich ging ______ **b)** du gingst ______

c) es ging ______ **d)** wir gingen ______

e) ihr gingt ______ **f)** sie gingen ______

g) ich sagte ______ **h)** du sagtest ______

i) sie sagte ______ **j)** wir sagten ______

k) ihr sagtet ______ **l)** sie sagten ______

166 ●○○ Was passiert jetzt?

So gut war ich.

Kreuze an, welche Sätze im Präsens stehen.

a) Das Auto fuhr über die Kreuzung.

b) Der Hund bellt.

c) Die Frau rief.

d) Die Katze ist auf den Baum geklettert.

e) Die Schule wird morgen wieder beginnen.

f) Die Menschen gehen spazieren.

g) Jetzt scheint die Sonne.

h) Gestern schien die Sonne.

i) Heute hat es schon geregnet.

j) Es hatte geregnet.

k) Es hätte regnen können.

165 a) ich gehe, **b)** du gehst, **c)** es geht, **d)** wir gehen, **e)** ihr geht, **f)** sie gehen; **g)** ich sage, **h)** du sagst, **i)** sie sagt, **j)** wir sagen, **k)** ihr sagt, **l)** sie sagen

166 b) Der Hund bellt. **f)** Die Menschen gehen spazieren. **g)** Jetzt scheint die Sonne.

167 ●●○ Jetzt und früher

So gut war ich.

Verben zeigen nicht nur die handelnde Person an, sondern auch die Zeit, in der etwas geschieht. Erzähle Berrits Geschichte so, als wärst du gerade dabei. Als Zeit musst du das Präsens verwenden.

Berrit war auf dem Schulweg, da sah sie ein riesiges Auto um die Ecke fahren. Offenbar transportierte es sehr wichtige Personen zu einem Termin. Auf einmal hielt das Auto dicht neben ihr, der Fahrer ließ die Scheibe herunter und fragte Berrit, wo die Konzerthalle ist. Berrit erinnerte sich an die vielen Plakate. In der Limousine saß sicherlich die bekannte Band, die auf den Plakaten abgebildet war.

168 ●●○ Im Hier und Jetzt

So gut war ich.

Setze die Sätze ins Präsens.

a) Bärbel ist mit dem Hund spazieren gegangen.

b) Kaja wird im August in Urlaub fahren.

c) Henning hatte um Hilfe gebeten.

167 Berrit ist auf dem Schulweg, da sieht sie ein riesiges Auto um die Ecke fahren. Offenbar transportiert es sehr wichtige Personen zu einem Termin. Auf einmal hält das Auto dicht neben ihr, der Fahrer lässt die Scheibe herunter und fragt Berrit, wo die Konzerthalle ist. Berrit erinnert sich an die vielen Plakate. In der Limousine sitzt sicherlich die bekannte Band, die auf den Plakaten abgebildet ist.

168 a) Bärbel geht mit dem Hund spazieren. **b)** Kaja fährt im August in Urlaub. **c)** Henning bittet um Hilfe.

169 ●○○ Was war am 30. Februar 1975?

So gut war ich. ☺ 😐 ☹

Ordne die unterstrichenen Wörter in die Tabelle ein.

Die Kinder der zweiten Klasse nehmen diese Woche die Monate im Sachunterricht durch. Am Mittagstisch fragt der Vater den kleinen Florian: „Wie war es heute in der Schule?" „Wir erfuhren viel über die zwölf Monate", antwortet Florian. „Was gab euch der Lehrer denn als Hausaufgabe auf?", fragt der Vater. „Wir sollen herausfinden, welche berühmte Person am 30. Februar 1975 zur Welt kam", sagt da Florian. Weißt du es?

Verben im Präteritum	Verben in anderen Zeiten

170 ●○○ Paul, der Besserwisser

So gut war ich. ☺ 😐 ☹

Paul glaubt, wieder einmal alles zu wissen. Überprüfe seine Aussagen.

a) Das Präteritum ist das Erzähltempus.

richtig ○ falsch ○

b) Das Präteritum ist die unvollendete Vergangenheit.

richtig ○ falsch ○

c) Das Präteritum ist ein anderes Wort für Präsens.

richtig ○ falsch ○

169 Verben im Präteritum: war, erfuhren, gab … auf, kam;
Verben in anderen Zeiten: durchnehmen, fragt, antwortet, fragt, sollen, herausfinden, sagt, weißt
→ Keine berühmte Person kam am 30. Februar 1975 zur Welt, da der Februar nur 28 Tage hat (bzw. 29, wenn es ein Schaltjahr ist).

170 a) richtig; **b)** falsch; **c)** falsch

171 ●○○ Menschen in der Vergangenheit I

So gut war ich.

In dem Text stehen alle Verben entweder im Präsens (Gegenwart) oder im Präteritum (Vergangenheit). Unterstreiche alle Verben, die im Präsens stehen, und alle Verben, die im Präteritum stehen, mit unterschiedlichen Farben.

Tim schaut sich gerne Berichte über die Vergangenheit im Fernsehen an. Dabei erfährt er, wie die Menschen damals lebten. Vor einigen Tagen sah Tim einen Bericht über das Mittelalter. Die Menschen hatten damals viel mehr Probleme mit Krankheiten als heute. Dass wir damit heute weniger Probleme haben, liegt sicher auch daran, dass die Medizin heute viel weiter ist. Tim liest im Fernsehprogramm, dass morgen ein Bericht über die Steinzeit im Fernsehen läuft. Er erfährt dann, wie die Menschen in der Steinzeit Werkzeuge herstellten.

172 ●●○ Menschen in der Vergangenheit II

So gut war ich.

Bilde nun mit jedem Verb im Präteritum aus dem Kurztest 171 einen neuen Satz.

171 Verben im Präsens: schaut an, erfährt, haben, liegt, ist, liest, läuft, erfährt; **Verben im Präteritum:** lebten, sah, hatten, herstellten

173 ●●○ Gruselig

So gut war ich.

Setze in dem folgenden Text die Verben ins Präteritum.

Ich **(a)** ____________ (gehen) die Treppe zum Keller hinunter.

Es **(b)** ____________ (sein) stockfinster.

Weil ich nichts **(c)** ____________ (sehen), **(d)** ________________ (müssen) ich mich an der Wand entlangtasten.

Tief aus der Dunkelheit **(e)** ______________ (hören) ich schreckliche Geräusche.

(f) ______________ (leben) dort unten ein Kellermonster?

174 ●●○ Zurück in die Steinzeit

So gut war ich.

Tim sieht im Fernsehen eine Reportage über die Steinzeit. Später berichtet er seinem Großvater, wie die Menschen in der Vergangenheit lebten. Wandle die Sätze in die Vergangenheit um.

a) In der Steinzeit stellen die Menschen ihre Werkzeuge selbst her.

____

b) Sie stellen Pfeilspitzen aus Steinen her.

____

c) Diese binden sie an einen Stock.

____

d) Damit jagen sie Tiere.

____

173 (a) ging; **(b)** war; **(c)** sah; **(d)** musste; **(e)** hörte; **(f)** Lebte

174 a) In der Steinzeit **stellten** die Menschen ihre Werkzeuge selbst **her. b)** Sie **stellten** Pfeilspitzen aus Steinen **her.**
c) Diese **banden** sie an einen Stock. **d)** Damit **jagten** sie Tiere.

175 ●○○ Paul, der Besserwisser

So gut war ich.

Paul glaubt, wieder einmal alles zu wissen. Überprüfe seine Aussagen.

a) Das Perfekt ist die vollendete Vergangenheit.

richtig ● falsch ●

b) Das Perfekt ist die unvollendete Vergangenheit.

richtig ● falsch ●

c) Das Perfekt handelt von dem, was in der Zukunft passiert.

richtig ● falsch ●

d) Das Perfekt wird oft beim mündlichen Erzählen verwendet.

richtig ● falsch ●

e) Das Perfekt bildet man aus einer Präsensform von haben/sein und dem Partizip II des Verbs.

richtig ● falsch ●

f) Das Perfekt bildet man aus einer Präteritumform von haben/sein und dem Partizip II des Verbs.

richtig ● falsch ●

176 ●○○ Ferdinand erzählt vom Feriencamp

So gut war ich.

Unterstreiche alle Sätze, die in der Vergangenheit stehen.

Das Feriencamp ist eine tolle Sache. Hier können zum Beispiel Kinder, deren Eltern nicht so viel Geld haben, allein Urlaub machen. Wir haben uns alle gut verstanden. Viele haben sogar richtig gute Freunde gefunden. Besonders die gemeinsamen Ausflüge haben Spaß gemacht. Nächstes Jahr will ich wieder ins Feriencamp.

174 a) falsch; **b)** richtig; **c)** falsch; **d)** richtig; **e)** richtig; **f)** falsch

175 Das Feriencamp ist eine tolle Sache. Hier können z. B. Kinder, deren Eltern nicht so viel Geld haben, alleine Urlaub machen. Wir haben uns alle gut verstanden. Viele haben sogar richtig gute Freunde gefunden. Besonders die gemeinsamen Ausflüge haben Spaß gemacht. Nächstes Jahr will ich wieder ins Feriencamp.

177 ●○○ Nobody is „perfect“ I

So gut war ich. ☺ 😐 ☹

Auf Anjas Geburtstagsfeier ist das Chaos ausgebrochen, denn den meisten Gästen ist ein Missgeschick passiert. Unterstreiche in jedem Satz das Verb im Perfekt.

a) Tom hat ein Glas mit Saft umgeworfen.

b) Helga ist in die Torte gefallen.

c) Sonja hat sich mit Ketchup bekleckert.

d) Hans ist gegen den Topf mit den Würstchen gerannt.

e) Kai hat sich in den Tomatensalat gesetzt.

f) Paula hat den Putzeimer über Rita ausgeleert.

g) Achmet hat den Tellerstapel umgeworfen.

h) Erik ist durch das Rosenbeet getrampelt.

178 ●●○ Nobody is „perfect“ II

So gut war ich. ☺ 😐 ☹

Setze in folgendem Text die Perfektform des in Klammern angegebenen Verbs ein.

a) Stefanie __________ sich an der Tischdecke ______________________________. (festhalten)

b) Hanna __________ Kerzenwachs auf den Teppich ______________________________. (schütten)

c) Caroline __________ den Wellensittich ______________________________. (freilassen)

d) Holger __________ gegen die antike Vase ______________________________.(laufen)

176 a) hat umgeworfen; **b)** ist gefallen; **c** hat bekleckert; **d)** ist gerannt; **e)** hat gesetzt; **f)** hat ausgeleert; **g)** hat umgeworfen; **h)** ist getrampelt
177 a) hat festgehalten; **b)** hat geschüttet; **c)** hat freigelassen; **d)** ist gelaufen

So gut war ich.

179 ●●○ Vergangenheit ist nicht gleich Vergangenheit

Alle folgenden Sätze handeln von der Vergangenheit. Kreuze die an, die im Perfekt stehen.

a) Gestern war ich in der Schule.

b) Gestern war ich in der Schule gewesen.

c) Gestern bin ich in der Schule gewesen.

d) In der ersten Stunde haben wir Mathe gehabt.

e) In der ersten Stunde hatten wir Mathe gehabt.

f) In der ersten Stunde hatten wir Mathe.

g) Ich habe den Bus verpasst.

h) Ich verpasste den Bus.

i) Ich hatte den Bus verpasst.

So gut war ich.

180 ●●● Erinnerst du dich?

Erinnerst du dich noch, was auf Anjas Geburtstagsparty los war? (Siehe Kurztest 177 und 178) Erzähle im Perfekt, welche Missgeschicke Anjas Freunden passiert sind. Schau dann nach, ob du dich richtig erinnert hast.

179 c), d), g)

181 Paul, der Besserwisser

So gut war ich.

Vielleicht kennst du Paul schon. Paul glaubt immer, alles zu wissen, weiß aber nicht so viel, wie er glaubt. Darum muss man seine Aussagen genau überprüfen.

a) Das Plusquamperfekt ist eine Präsensform.

richtig ○ falsch ○

b) Das Plusquamperfekt ist die vollendete Vergangenheit.

richtig ○ falsch ○

c) Das Plusquamperfekt ist die unvollendete Vergangenheit.

richtig ○ falsch ○

d) Das Plusquamperfekt ist unwichtig.

richtig ○ falsch ○

e) Das Plusquamperfekt bildet man aus einer Präsensform von haben/sein und dem Partizip II des Verbs.

richtig ○ falsch ○

f) Das Plusquamperfekt bildet man aus einer Präteritumform von haben/sein und dem Partizip II des Verbs.

richtig ○ falsch ○

182 Noch früher als früher

So gut war ich.

Schreibe die Formen auf, die im Plusquamperfekt stehen.

a) er war gelaufen, **b)** es hat geregnet, **c)** es hatte geregnet, **d)** wir singen, **e)** du warst gelaufen, **f)** sie konnte, **g)** ihr habt gerufen, **h)** sie hatten gesagt, **i)** er lief, **j)** du hattest geschlafen, **k)** ich schreibe

____

____

181 a) falsch; **b)** richtig; **c)** falsch; **d)** falsch; **e)** falsch; **f)** richtig

182 a) er war gelaufen, **c)** es hatte geregnet, **e)** du warst gelaufen, **h)** sie hatten gesagt, **j)** du hattest geschlafen

183 ●●○ Wann steht das Plusquamperfekt?

So gut war ich. ☺ 😐 ☹

Das Plusquamperfekt wird verwendet, wenn etwas in der Vergangenheit angefangen und auch in der Vergangenheit aufgehört hat.
Bevor auf Anjas Geburtstagsfeier alles durcheinandergeriet, war alles in bester Ordnung gewesen. Unterstreiche die Verben, die im Plusquamperfekt stehen.
(Tipp: Das Verb im Plusquamperfekt besteht immer aus zwei Teilen, nämlich aus der Präteritumform von sein/haben und dem Partizip II des Handlungsverbs.)

a) Bevor Tom das Saftglas umgeworfen hat, hatte er über Stefanies Witz gelacht.

b) Bevor Helga in die Torte gefallen ist, hatte sie Hanna auf die Schulter geklopft.

c) Nachdem Sonja mit Andy gemalt hatte, hat sie sich mit Ketchup bekleckert.

d) Nachdem Hans mit Caroline den Wellensittich gefüttert hatte, ist er gegen den Würstchentopf gerannt.

e) Bevor sich Kai in den Tomatensalat gesetzt hat, hatte er mit Holger die antike Vase bewundert.

184 ●●● Anja erzählt von ihrer Geburtstagsfeier

So gut war ich. ☺ 😐 ☹

Anja ist nach ihrer Geburtstagsfeier ganz aufgeregt und erzählt alles ihrer Tante.
Setze die Plusquamperfektform des Verbs ein, das in Klammern steht.

Tom *hatte* ein Glas mit Saft *umgeworfen*. (umwerfen)

a) Caroline ______________ den Wellensittich ____________________________. (freilassen)

b) Holger ______________ gegen die antike Vase ____________________________. (laufen)

c) Kai ______________ sich in den Tomatensalat ____________________________. (setzen)

d) Sonja ______________ sich mit Ketchup ____________________________. (bekleckern)

185 ●●○ Die richtige Reihenfolge

So gut war ich. ☺ 😐 ☹

Kreuze diejenigen Sätze an, in denen das Plusquamperfekt richtig verwendet wurde.

a) Bevor ich mit dem Hund beim Tierarzt gewesen war, habe ich ihn beruhigt.

richtig ○ falsch ○

b) Nachdem ich mit dem Hund beim Tierarzt gewesen war, haben wir einen ausgiebigen Spaziergang gemacht.

richtig ○ falsch ○

c) Bevor meine Schwester den Führerschein gemacht hat, war sie häufiger mit dem Fahrrad unterwegs gewesen.

richtig ○ falsch ○

d) Nachdem meine Schwester den Führerschein bestanden hat, war sie meistens mit dem Auto gefahren.

richtig ○ falsch ○

186 ●●● Vor- und Nachzeitigkeit im Satz

So gut war ich. ☺ 😐 ☹

Bilde nun selbst aus den vorgegebenen Informationen Sätze, in denen du das Perfekt und das Plusquamperfekt verwendest.

Monika – 15.00 Uhr Klavierunterricht – 17.00 Uhr Treffen mit Stefan
Nachdem Monika Klavierunterricht gehabt hatte, hat sie Stefan getroffen.

a) Jessica – 14.00 Uhr Reitstunde – 18.00 Uhr Besuch von Oma bekommen

____

____

b) Torsten – 17.00 Uhr zum Nachhilfeunterricht gehen – 14.00 Handballtraining

____

____

185 a) falsch; **b)** richtig; **c)** richtig; **d)** falsch
186 a) Nachdem Jessica Reitstunde gehabt hatte, hat sie Besuch von Oma bekommen. **b)** Nachdem Torsten Handballtraining gehabt hatte, ist er zum Nachhilfeunterricht gegangen.

187 ●○○ Paul, der Besserwisser

So gut war ich. ☺ 😐 ☹

Überprüfe die Aussagen deines alten Bekannten Paul über das Futur, die Zukunft.

a) Das Futur ist eine der drei Vergangenheiten.

richtig ● falsch ●

b) Das Futur verwendet man, um zu sagen, was in der Zukunft passieren wird.

richtig ● falsch ●

c) Das Futur wird gebildet mit einer Vergangenheitsform von haben/sein und dem Partizip II des Verbs.

richtig ● falsch ●

d) Das Futur wird gebildet mit einer Form von werden und dem Partizip II.

richtig ● falsch ●

e) Das Futur wird gebildet mit einer Form von werden und dem Infinitiv.

richtig ● falsch ●

188 ●○○ Der kommende Familienurlaub

So gut war ich. ☺ 😐 ☹

Familie Hansen diskutiert den Zielort des nächsten Urlaubs. Unterstreiche alle Futurformen.

Jojo: „Wir werden nach Spanien fahren. Dort werden wir jeden Tag am Strand liegen und wir werden uns wunderbar entspannen." Pia: „Ich werde mich nicht noch einmal in ein Flugzeug setzen. Wir werden Urlaub machen, wo man problemlos mit dem Reisebus hinkommt. Wir werden nach Belgien fahren. Dort werden wir uns das Land anschauen." Kai: „Ich werde hierbleiben, wenn die Streiterei nicht aufhört!"

187 a) falsch; **b)** richtig; **c)** falsch; **d)** falsch; **e)** richtig

188 Jojo: „Wir werden nach Spanien fahren. Dort werden wir jeden Tag am Strand liegen und wir werden uns wunderbar entspannen." Pia: „Ich werde mich nicht noch einmal in ein Flugzeug setzen. Wir werden Urlaub machen, wo man problemlos mit dem Reisebus hinkommt. Wir werden nach Belgien fahren. Dort werden wir uns das Land anschauen." Kai: „Ich werde hierbleiben, wenn die Streiterei nicht aufhört!"

189 ●●○ Wenn ich erwachsen bin I

So gut war ich.

Jonas und Bianca unterhalten sich oft darüber, was sein wird, wenn sie erwachsen sind. Dabei kommen sie auf gute Ideen. Fülle die Lücken im Text mit dem Verb in Klammern aus und verwende dabei das Futur, die Zukunft.

(a) Bianca: „Wenn ich erwachsen bin, ______________ ich einen Park zum Schutz aller seltenen Tiere ____________________.“ (gründen)

(b) Jonas: „Wenn ich erwachsen bin, ______________ ich ein Auto ______________________ (erfinden), das die Umwelt nicht verschmutzt.“

(c) Bianca: „Wenn ich erwachsen bin, ______________ ich eine Maschine ______________ (bauen), die die Luft reinigt.“

190 ●●○ Wenn ich erwachsen bin II

So gut war ich.

Jonas stellt sich nicht nur vor, was er tun wird, sondern auch, was die Menschen in seinem Umfeld tun werden. Wandle die folgenden Sätze in Futursätze um.

a) Ich erfinde ein Auto, das der Umwelt nicht schadet.

____

b) Du, Bianca, entdeckst, wie man Müll vermeiden kann.

____

c) Mein Bruder erforscht den Klimawandel.

____

d) Wir sorgen uns um die Umwelt.

____

e) Ihr, liebe Eltern, lernt viel.

____

189 (a) werde gründen; **(b)** werde erfinden; **(c)** werde bauen
190 a) Ich werde ein Auto erfinden, … **b)** Du, Bianca, wirst entdecken, … **c)** Mein Bruder wird den Klimawandel erforschen. **d)** Wir werden uns um die Umwelt sorgen. **e)** Ihr, liebe Eltern, werdet viel lernen.

191 ●●● Verben bestimmen

So gut war ich.

Schreibe in die Klammern hinter die Verben, in welcher Person und in welcher Zeit sie stehen.

Johannes liest (*3. Pers. Sg. Präsens*) gerne Bücher über Dinosaurier. Er hat sich schon für die urzeitlichen Wesen interessiert **(a)** (________________), als er noch gar nicht lesen konnte **(b)** (________________). Seine Großeltern hatten ihm damals vorgelesen **(c)** (________________). Wenn heute die Großeltern zu Besuch kommen, erinnern **(d)** (________________) sich alle an diese Zeit. Johannes sagt dann zu seinem Großvater, den er sehr gerne hat: „Weißt **(e)** (________________) du, wie der größte Raubsaurier heißt?" Der Großvater antwortet dann mit einem Lächeln im Gesicht: „Ihr jungen Leute könnt **(f)** (________________) euch solche Dinge merken. Ich bin zu alt dafür." Johannes sagt dann: „Wir waren **(g)** (________________) alle jünger und auch du wirst dir merken **(h)** (________________), wie der größte Raubsaurier heißt. Ich werde dich, wenn wir uns das nächste Mal sehen, wieder danach fragen **(i)** (________________)."

192 ●●○ Verben konjugieren

So gut war ich.

Bilde mit den angegebenen Informationen drei kurze Sätze.

a) 2. Pers. Pl. Präteritum (haben) ________________

b) 3. Pers. Sg. Futur (aufpassen) ________________

c) 2. Pers. Sg. Plusquamperfekt (gehen) ________________

____

191 (a) 3. Pers. Sg. Perfekt; **(b)** 3. Pers. Sg. Präteritum; **(c)** 3. Pers. Pl. Plusquamperfekt; **(d)** 3. Pers. Pl. Präsens; **(e)** 2. Pers. Sg. Präsens; **(f)** 2. Pers. Pl. Präsens; **(g)** 1. Pers. Pl. Präteritum; **(h)** 2. Pers. Sg. Futur; **(i)** 1. Pers. Sg. Futur/1. Pers. Pl. Präsens

192 a) Ihr hattet … **b)** Er wird aufpassen … **c)** Du warst gegangen …

193 ●●○ Kennenlernen

So gut war ich. ☺ 😐 ☹

Josefine erzählt ihrer Mutter immer von ihrer besten Freundin Lisa. Setze in diesem Dialog passende Verben ein.

Josefine sagt: „Lisa und ich **(a)** ______________________ gemeinsam in eine Klasse. Letztes Jahr **(b)** ______________________ Lisa noch in Wittlich, bevor sie nach Berlin **(c)** ______________________. Wittlich **(d)** ______________________ viel, viel kleiner als Berlin. Da **(e)** ______________________ sich alle Leute.“ Die Mutter, die Lisa noch gar nicht **(f)** ______________________, antwortet: **(g)** „______________________ Lisa doch einfach mal mit. Ich **(h)** ______________________ doch wissen, wer deine beste Freundin **(i)** ______________________. Ihr **(j)** ______________________ einfach morgen nach der Schule gemeinsam hierher und abends **(k)** ______________________ ich Lisa nach Hause.“

194 ●●○ Unfertige Sätze

So gut war ich. ☺ 😐 ☹

Verbinde die richtigen Sätze miteinander.

a) Mit Verben beschreibt man	**1)** die Gegenwart.
b) Verben werden	**2)** in der Zukunft geschieht.
c) Das Futur drückt aus, was	**3)** dekliniert.
d) Das Präsens ist	**4)** Tätigkeiten.
e) Verben werden nicht	**5)** den Imperativ.
f) Befiehlt man jemandem etwas, so nennt man dies	**6)** drei.
g) Es gibt mehrere Vergangenheiten, nämlich	**7)** konjugiert.

193 (a) gehen; **(b)** lebte/wohnte; **(c)** gekommen ist; **(d)** ist; **(e)** kennen; **(f)** kennt; **(g)** Bring; **(h)** möchte/will; **(i)** ist; **(j)** kommt; **(k)** bringe

94 a)-4) Tätigkeiten; **b)-7)** … konjugiert; **c)-2)** … in der Zukunft geschieht; **d)-1)** … die Gegenwart; **e)-3)** … dekliniert; **f)-5)** … Imperativ; **g)-6)** drei (Perfekt, Präteritum, Plusquamperfekt)

195 ●●○ Zeiten über Zeiten

So gut war ich. ☺ 😐 ☹

Ordne die folgenden Formen ihrem Platz in der Tabelle zu.

du wirst gehen, wir sehen, ich habe gelacht, sie schrie, du hattest gerufen, ihr seid gegangen, ich schreibe, wir hatten geschlafen, ihr hattet, es ist gelaufen, ihr werdet lachen, sie waren gerannt, ich las, du hast gespielt, er kocht, ich werde schwimmen, ich hatte geweint, wir werden sagen, sie lernten, du schriest, du kaufst, sie hatte geschlafen, sie werden fahren, wir sind gerannt, sie waschen, ihr wart gelaufen, sie haben gegessen, wir holten, ihr ruft, er wird waschen

	Präsens	Präteritum	Perfekt	Plusquamperfekt	Futur
1. Pers. Sg.					
2. Pers. Sg.					du wirst gehen
3. Pers. Sg.					
1. Pers. Pl.					
2. Pers. Pl.					
3. Pers. Pl.					

196 ●●● Hast du noch Zeit?

So gut war ich. ☺ 😐 ☹

Setze das Verb *genießen* in die angegebenen Formen.

a) 1. Pers. Sg. Präteritum ______

1. Pers. Pl. Präsens ______

b) 1. Pers. Sg. Perfekt ______

2. Pers. Pl. Futur ______

c) 3. Pers. Pl. Präsens ______

3. Pers. Sg. Futur ______

195 1. Pers. Sg.: ich schreibe, ich las, ich habe gelacht, ich hatte geweint, ich werde schwimmen
2. Pers. Sg.: du kaufst, du schriest, du hast gespielt, du hattest gerufen, du wirst gehen
3. Pers. Sg.: er kocht, sie schrie, es ist gelaufen, sie hatte geschlafen, er wird waschen
1. Pers. Pl.: wir sehen, wir holten, wir sind gerannt, wir hatten geschlafen, wir werden sagen
2. Pers. Pl.: ihr ruft, ihr hattet, ihr seid gegangen, ihr wart gelaufen, ihr werdet lachen
3. Pers. Pl.: sie waschen, sie lernten, sie haben gegessen, sie waren gerannt, sie werden fahren
196 a) ich genoss, wir genießen; **b)** ich habe genossen, ihr werdet genießen; **c)** sie genießen, er/sie/es wird genießen

197 ●○○ Auslachen und ausgelacht werden

So gut war ich.

Verben können im Aktiv und im Passiv verwendet werden. Wie du weißt, steht beim Aktiv das handelnde Subjekt im Vordergrund, beim Passiv rückt das Geschehen in den Vordergrund. Unterstreiche alle Passivformen.

a) Peter wird ausgelacht, weil er schusselig ist, und Peter lacht Erik aus, weil er beim Schreiben immer der langsamste Schüler ist.

b) Erik wird ausgelacht, weil er langsam ist, er lacht aber Claudia aus, weil sie sich oft mit Tinte beschmiert.

c) Claudia wird ausgelacht, weil sie sich oft mit Tinte beschmiert, sie lacht aber auch Kevin aus, weil er meistens falsch singt.

d) Kevin wird ausgelacht, weil er falsch singt, er lacht aber auch Peter aus, weil er schusselig ist.

198 ●○○ Bewundert werden

So gut war ich.

Zum Glück lachen sich Peter, Erik, Claudia und Kevin nicht nur aus, sondern jeder wird auch für etwas bewundert, das er ganz besonders gut kann. Bilde mit den angegebenen Informationen Sätze, die das Verb *bewundern* im Passiv enthalten.

Peter/Klavier

Peter wird bewundert, weil er besonders gut Klavier spielen kann.

a) Erik/Mathematik

Erik wird bewundert, weil er besonders gut in Mathematik isd

b) Claudia/Fußball

Claudia wird bewundest, weil sie besonders gut Fußball spielt

c) Kevin/Karate

Kevin wird bewundest in

197 a) Peter wird ausgelacht …; **b)** Erik wird ausgelacht …; **c)** Claudia wird ausgelacht …; **d)** Kevin wird ausgelacht …;
198 a) Erik wird bewundert, weil er gut in Mathematik ist. **b)** Claudia wird bewundert, weil sie gut Fußball spielt. **c)** Kevin wird bewundert, weil er Karate kann.

199 ●●○ Starke Verben

So gut war ich.

Es gibt starke und schwache Verben. Die starken ändern im Präteritum ihren Wortstamm, die schwachen sind regelmäßig. Unterstreiche in folgendem Text alle starken Verben. Denk daran, dass du hierfür wissen musst, wie das Präteritum gebildet wird.

Pia und Jasmin gehen gemeinsam in eine Klasse. Pia ist stark und Jasmin ist schlau. Gemeinsam sind sie unschlagbar. Pia hilft Jasmin beim Tragen schwerer Dinge, Jasmin erklärt Pia dafür Mathe. Wenn Pia Mathe verstanden hat, fordert Pia Jasmin zum Armdrücken heraus. Mit der Zeit wird Pia immer schlauer und Jasmin immer stärker.

200 ●●○ Echt stark?

So gut war ich.

Manfred, der Muskelmann, hat im Deutschunterricht nicht so gut aufgepasst. Er behauptet, dass alle Verben genauso stark sind wie er. Überprüfe, ob seine Behauptung stimmt. Sind alle Verben starke Verben?

a) schreiben
richtig ○ falsch ○

b) staunen
richtig ○ falsch ○

c) träumen
richtig ○ falsch ○

d) stehlen
richtig ○ falsch ○

e) hoffen
richtig ○ falsch ○

f) tragen
richtig ○ falsch ○

g) trauen
richtig ○ falsch ○

h) fühlen
richtig ○ falsch ○

i) glauben
richtig ○ falsch ○

j) lügen
richtig ○ falsch ○

199 Pia und Jasmin gehen gemeinsam in eine Klasse. Pia ist stark und Jasmin ist schlau. Gemeinsam sind sie unschlagbar. Pia hilft Jasmin beim Tragen schwerer Dinge, Jasmin erklärt Pia dafür Mathe. Wenn Pia Mathe verstanden hat, fordert Pia Jasmin zum Armdrücken heraus. Mit der Zeit wird Pia immer schlauer und Jasmin immer stärker.

200 a) richtig; **b)** falsch; **c)** falsch; **d)** richtig; **e)** falsch; **f)** richtig; **g)** falsch; **h)** falsch; **i)** falsch; **j)** richtig

201 ●○○ Das richtige Gefühl

So gut war ich. ☺ 😐 ☹

Am liebsten schreibt Maximilian Ansichtskarten, während er im Auto sitzt und auf die Ankunft warten muss. Leider ist er durch die Landschaft abgelenkt und bringt einiges durcheinander. Unterstreiche alle Adjektive, die hier nicht passen.

Lieber Markus,

ich sende dir luxuriöse Grüße aus dem lieben Süden Europas. Wir hatten eine gute Reise und sind in einem seltenen Hotel untergebracht.

Besonders gut gefällt mir der exotische Swimmingpool. Aufregender ist es natürlich am Strand. Dort kann man oft sonnige Pflanzen betrachten und Tiere beobachten, die in Nord- und Mitteleuropa riesig sind. Unglücklicherweise ist der Urlaub bald vorbei und wir müssen wieder in die Schule.

Dein Maximilian

202 ●●○ Für das richtige Adjektiv

So gut war ich. ☺ 😐 ☹

Hilf Maximilian, das Chaos auf der Postkarte in den Griff zu bekommen. Setze die Adjektive, die du oben (in Kurztest 201) unterstrichen hast, in den folgenden Text sinnvoll ein.

Lieber Markus,

ich sende dir **(a)** ____________________ Grüße aus dem **(b)** ____________ Süden Europas. Wir hatten eine gute Reise und sind in einem **(c)** ____________________ Hotel untergebracht. Besonders gut gefällt mir der **(d)** ____________________ Swimmingpool. Aufregender ist es natürlich am Strand. Dort kann man oft **(e)** ________________ Pflanzen betrachten und Tiere beobachten, die in Nord- und Mitteleuropa **(f)** ______________ sind. Unglücklicherweise ist der Urlaub bald vorbei und wir müssen wieder in die Schule.

Dein Maximilian

201 Lieber Markus, ich sende dir luxuriöse Grüße aus dem lieben Süden Europas. Wir hatten eine gute Reise und sind in einem seltenen Hotel untergebracht. Besonders gut gefällt mir der exotische Swimmingpool. Aufregender ist es natürlich am Strand. Dort kann man oft sonnige Pflanzen betrachten und Tiere beobachten, die in Nord- und Mitteleuropa riesig sind. Unglücklicherweise ist der Urlaub bald vorbei und wir müssen wieder in die Schule. Dein Maximilian

202 (a) liebe, **(b)** sonnigen, **(c)** luxuriösen, **(d)** riesige, **(e)** exotische, **(f)** selten

203 ●○○ Gut, besser oder am besten?

So gut war ich. ☺ 😐 ☹

Entscheide, ob es sich um den Positiv, den Komparativ oder den Superlativ handelt.

a) schöner	Positiv ○	Komparativ ○	Superlativ ○
b) weit	Positiv ○	Komparativ ○	Superlativ ○
c) besser	Positiv ○	Komparativ ○	Superlativ ○
d) am größten	Positiv ○	Komparativ ○	Superlativ ○
e) am lautesten	Positiv ○	Komparativ ○	Superlativ ○
f) dümmer	Positiv ○	Komparativ ○	Superlativ ○
g) fauler	Positiv ○	Komparativ ○	Superlativ ○
h) am schnellsten	Positiv ○	Komparativ ○	Superlativ ○

204 ●●○ Auf dem Sportfest

So gut war ich. ☺ 😐 ☹

Setze die passende Adjektivform in die Lücken ein.

Paul hat am Weitsprungwettbewerb teilgenommen und ist sehr **(a)** ____________ gesprungen.

Hanna ist ein Stückchen größer als Anna und ist vielleicht deswegen auch ein Stückchen **(b)** ________________ gesprungen. Finja trainiert seit Jahren schon Weitsprung in einem Leichtathletikverein und ist von allen **(c)** ________________________________ gesprungen. Nikolas hat an einem Wettrennen teilgenommen. Da er als Erster im Ziel war, war er **(d)** ______________________________________.

Aber auch Franz war **(e)** ____________________. Christian trödelte die ganze Zeit und war deshalb **(f)** _________________________ als Franz. Christian war sowieso **(g)** ______________________________________, da keiner nach ihm ins Ziel gekommen ist. Am Ende des Tages sind sich aber alle einig: Das Sportfest im letzten Jahr war ja ohne Zweifel **(h)** ______________, aber dieses Jahr war es noch viel **(i)** ___________________.

203 a) Komparativ, **b)** Positiv, **c)** Komparativ, **d)** Superlativ, **e)** Superlativ, **f)** Komparativ, **g)** Komparativ,
h) Superlativ

204 (a) weit, **(b)** weiter, **(c)** am weitesten, **(d)** am schnellsten, **(e)** schnell, **(f)** langsamer, **(g)** am langsamsten,
(h) schön, **(i)** schöner

205 ●●○ Die Siegerehrung

So gut war ich.

Am Ende eines Sportfests gibt es eine Siegerehrung. Nutze die Informationen, um in einem Satz zu beschreiben, wer gut, wer besser und wer am besten war.

Hochspung: Platz 1 – Anne, Platz 2 – Herbert, Platz 3 – Katja

Katja ist hoch gesprungen, aber Herbert ist höher gesprungen. Am höchsten ist Anne gesprungen.

a) Sprint: Platz 1 – Volker, Platz 2 – Agnes, Platz 3 – Tonja

____

____

b) Weitwurf: Platz 1 – Thorsten, Platz 2 – Ingrid, Platz 3 – Nicole

____

____

206 ●○○ Auf dem Rummelplatz

So gut war ich.

Adjektive verändern ihre Form mit dem Nomen, das sie näher beschreiben. Passe die Adjektive den Nomen an.

Auf dem Rummelplatz steht dieses Jahr ein **(a)** ________________ (groß) Riesenrad. Wenn man damit fährt, kann man das **(b)** ________________ (bunt) Treiben von oben beobachten. Auch die **(c)** ___________ (neu) Achterbahn ist eine Attraktion. Am schönsten auf dem Rummel ist aber die **(d)** ________________________________ (dreistöckig) Geisterbahn, in der es viele **(e)** ____ (unterschiedlich) Gestalten zu sehen gibt. Nächstes Jahr wird es wieder einen **(f)** ______________ (schön) Rummel in unserer **(g)** ___________________ (klein) Stadt geben. Wir müssen aber leider noch ein **(h)** ________________ (ganz) Jahr darauf warten.

205 a) Tonja ist schnell gelaufen, aber Agnes ist schneller gelaufen. Am schnellsten ist Volker gelaufen. **b)** Nicole hat weit geworfen, aber Ingrid hat weiter geworfen. Am weitesten hat Thorsten geworfen.

206 (a) großes; **(b)** bunte; **(c)** neue; **(d)** dreistöckige; **(e)** unterschiedliche; **(f)** schönen; **(g)** kleinen; **(h)** ganzes

207 ●●○ Im Freibad

So gut war ich.

In welchem Kasus stehen die unterstrichenen Adjektive?

a) Sonnige Tage locken viele Leute in das Freibad.

Nominativ ● Genitiv ● Dativ ● Akkusativ ●

b) Das Wasser verschafft dann eine schöne Abkühlung.

Nominativ ● Genitiv ● Dativ ● Akkusativ ●

c) Man sieht junge Mütter mit ihren Kindern.

Nominativ ● Genitiv ● Dativ ● Akkusativ ●

d) Johannes bittet seinen besten Freund, ihn auf den Sprungturm zu begleiten.

Nominativ ● Genitiv ● Dativ ● Akkusativ ●

e) Einem guten Freund kann man eine Bitte natürlich nicht abschlagen.

Nominativ ● Genitiv ● Dativ ● Akkusativ ●

208 ●●○ Im Hallenbad

So gut war ich.

Setze die passende Adjektivform ein.

Akkusativ, warm
Die *warme* Luft kann man schon am Eingang fühlen.

a) Genitiv, klein

Die Handtücher der ____________ Kinder sind ganz nass geworden.

b) Nominativ, weiß

Der ____________ Boden des Schwimmbeckens ist durch das Wasser kaum zu sehen.

c) Akkusativ, neu

Janina hat ihre ____________ Badelatschen zu Hause vergessen.

207 a) Nominativ; **b)** Akkusativ; **c)** Akkusativ; **d)** Akkusativ; **e)** Dativ
208 a) der kleinen Kinder; **b)** der weiße Boden; **c)** ihre neuen Badelatschen

So gut war ich.

209 ●○○ Inspektor Scharfsinn, der dusselige Polizist

Inspektor Scharfsinn ist ein seltsamer Polizist. Ständig kommt er zur falschen Zeit an den Tatort. Hilf ihm, sich besser zu organisieren, und unterstreiche alle Wörter, die eine Angabe zur Zeit machen.

Der Mord geschah heute Morgen. Gestern kam es zu einer Schlägerei in einer Gastwirtschaft. Später brach ein Übeltäter in die Villa des Herrn Professor Doktor Steinreich ein. Danach wurde im Museum ein wertvolles Gemälde entwendet. Eben hat ein Dieb alle Computer aus dem Polizeipräsidium gestohlen, aber davor wurde eine Apotheke ausgeraubt. Für morgen ist ein Einbruch im Schloss Wertlos geplant.

So gut war ich.

210 ●○○ Chaos auf dem Präsidium

Inspektor Scharfsinn ist entsetzlich unordentlich. Er weiß nicht mehr, wo sein Notizbuch ist. Unterstreiche alle unveränderbaren Wörter, die eine Angabe zum Ort machen.

Wenn man das Präsidium betritt, sieht man hier und dort einen Kugelschreiber auf dem Boden liegen. Der Schreibtisch steht am Fenster. Darunter liegt die Brille unseres dusseligen Inspektors. Oben liegen ungeordnet viele Akten über Fälle, die hier in der Stadt passiert sind. Wenn man den Raum betritt, steht vorn ein Stuhl. Dort steht das Frühstück des noch immer hungrigen Inspektors. Ringsherum um den Stuhl stapeln sich alte Zeitungen. Links steht ein großer Schrank. Der Inspektor beteuert immer wieder, dass er sein Notizbuch irgendwohin gelegt hat. Wenn man ganz genau hinschaut, sieht man oben auf dem Schrank ein kleines, grünes Büchlein liegen. Das ist das Notizbuch des Inspektors, der gerade durch das Polizeipräsidium läuft und anderswo sucht.

209 heute Morgen; gestern; später; danach; eben; davor; morgen
210 hier und dort; Darunter; Oben; hier; vorne; Dort; Ringsherum; Links; irgendwohin; oben; anderswo

211 ●●○ Melanies Wegbeschreibung

So gut war ich. ☺ 😐 ☹

Melanie erklärt Serkan, wie man zum Schwimmbad kommt. Setze passende Adverbien in die Lücken des Textes ein. (Es gibt immer mehrere Möglichkeiten.)

______________ biegst du ______________ in die Straße ein. Dann gehst du auf der ______________ Seite weiter, bis du zu einer Telefonzelle kommst. An der Telefonzelle gehst du vorbei und danach gehst du in die erste Straße, die auf der ______________ Seite kommt, hinein. Dann gehst du immer weiter ______________, bis die Straße endet. Du kannst nun nur noch rechts oder ______________ gehen. ______________ geht es hier nicht mehr weiter. Du gehst nun die ______________ Straße ______________, bis auf der ______________ Seite das Schwimmbad zu sehen ist. Es öffnet schon ______________, aber wir treffen uns erst mittags dort, gehen dann aber auch erst ______________ nach Hause.

212 ●●○ Was verrät uns das Adverb?

So gut war ich. ☺ 😐 ☹

Ordne die Adverbien in die Tabelle ein.

dort, mittags, sehr, deswegen, nicht, schon, hier, jetzt, darum, später, früher, deshalb

Zeit	Ort	Grund	Art und Weise

211 mögliche Adverbien (passen an mehreren Stellen, stehen hier in keiner bestimmten Reihenfolge): zuerst, rechts, rechte, rechten, links, linke, linken, geradeaus, dann, nächste, früh, morgens, abends

212 Zeit: mittags, schon, jetzt, später, früher; **Ort:** dort, hier; **Grund:** deswegen, darum, deshalb; **Art und Weise:** sehr, nicht

213 ●●○ Auf der Drachenwiese

So gut war ich. ☺ 😐 ☹

Gib in Klammern an, ob es sich um ein Adverb der Zeit, des Ortes, des Grundes oder der Art und Weise handelt.

Till ist ein sehr **(a)** (____________) guter Drachenpilot. Auf der Drachenwiese fühlt er sich richtig wohl, denn hier **(b)** (____________) kann er alle neuen Tricks ausprobieren. Heute **(c)** (____________) freut er sich ganz besonders **(d)** (____________) darauf, nachmittags **(e)** (____________) auf die Wiese zu gehen, da er seinen neuen Drachen mitgebracht hat. Dieser fliegt besonders weit nach oben **(f)** (____________). Hoffentlich **(g)** (____________) sind nicht **(h)** (____________) so viele Hunde mit ihren Besitzern auf der Wiese, denn die Hunde jagen den Drachen. Deswegen **(i)** (____________) muss Till immer **(j)** (____________) sehr **(k)** (____________) vorsichtig sein.

214 ●●● Auf dem Minigolfplatz

So gut war ich. ☺ 😐 ☹

Auf dem Minigolfplatz finden die diesjährigen Minigolfmeisterschaften der Schule statt. Schreibe auf, was passiert, und verwende so viele Adverbien, wie dir einfallen.

____

____

____

____

____

____

____

____

213 (a) Art und Weise; **(b)** Ort; **(c)** Zeit; **(d)** Art und Weise; **(e)** Zeit; **(f)** Ort; **(g)** Art und Weise; **(h)** Art und Weise; **(i)** Grund; **(j)** Zeit; **(k)** Art und Weise

215 ●○○ Im Maislabyrinth

So gut war ich.

Konjunktionen sind kleine, unveränderbare Wörter. Sie verbinden Wörter, Satzteile oder Sätze miteinander. Unterstreiche in dem Text alle Konjunktionen.

Im Sommer ist das Maislabyrinth ein ganz besonderes Erlebnis, obwohl Mais eigentlich nicht besonders spannend ist. Meine Schwester und ich gehen schon seit Jahren mindestens einmal im Sommer dorthin, ohne dass wir uns jemals langweilen. Der Eintritt ist zum Glück nicht teuer, denn meine Schwester und ich bekommen nicht so viel Taschengeld. Heute ist es wieder soweit und wir laufen durch das riesige Feld. Die Gänge führen schnell in die Irre und es dauert nicht lange, da haben sich meine Schwester und ich auch schon verloren. Nach einiger Zeit finden wir jedoch den Ausgang wieder. Dort ist unser Treffpunkt, um nach Hause zu fahren. Es war wieder einmal richtig schön, denn das Wetter hat auch mitgespielt.

216 ●○○ Sauwetter I

So gut war ich.

Finde die passenden Konjunktionen.

Im November gehen die meisten Menschen nicht gerne vor die Tür, **(a)** ____________ es regnet, hagelt **(b)** ____________ schneit. Da bleibt man lieber zu Hause vor dem Kamin **(c)** ____________ liest ein Buch **(d)** ____________ schaut sich einen Film an. Manche mögen aber gerade das schlechte Wetter, **(e)** ____________ sie dann den Herbst richtig fühlen können. Sie gehen dann nach draußen, **(f)** ____________ es regnet, hagelt **(g)** ____________ schneit. Wenn man die richtige Kleidung trägt, **(h)** ____________ kann auch solch ein Sauwetter richtig Spaß machen. Man kann sich gegen den Wind legen **(i)** ____________ von Pfütze zu Pfütze springen. Jeder Monat kann schön sein.

215 obwohl; und; ohne dass; denn; und; und; und; da; und; um … zu; denn
216 **(a)** da/weil/denn; **(b)** und/oder; **(c)** und; **(d)** oder; **(e)** weil/da; **(f)** obwohl; **(g)** und/oder; **(h)** dann (oder gar keine Konjunktion); **(i)** und

217 ●●○ Sauwetter II

So gut war ich.

Mache aus zwei Sätzen einen, indem du eine passende Konjunktion verwendest.

als, obwohl, da, weil, damit

a) Es regnet. Die Straße ist nass.

____

b) Es regnet. Tina geht ins Freibad.

____

c) Um zwei fing es an zu regnen. Um zwei stieg Martin in den Bus.

____

d) Harald wird nass. Harald hat keinen Regenschirm.

____

e) Silke wartet unter einem Dach. Silke wird nicht nass.

____

218 ●●● Eng verbunden

So gut war ich.

Verbinde mit den Konjunktionen *und, oder, da, weil, sodass* und *damit* zwei Sätze, die du dir ausdenkst.

____

____

____

____

____

____

217 a) Da/weil es regnet, ist die Straße nass. **b)** Obwohl es regnet, geht Tina ins Freibad. **c)** Als es um zwei anfing zu regnen, stieg Martin in den Bus. **d)** Harald wird nass, da/weil er keinen Regenschirm hat. **e)** Silke wartet unter einem Dach, damit sie nicht nass wird.

219 ●○○ Klassenfoto

So gut war ich. ☺ 😐 ☹

Einmal im Jahr kommt ein Fotograf in die Schule, um alle Kinder zu fotografieren. Bis alle richtig stehen, vergeht einige Zeit, denn jeder will mit seinem Platz zufrieden sein. Unterstreiche im Text alle Präpositionen.

Klaus steht neben Bettina. Hinter Bettina steht Thomas. Thomas steht vor Volker, der hinter allen steht, da er alle überragt. Johannes steht auf den Füßen von Susanne. Susannes rechte Hand liegt auf der Schulter ihrer besten Freundin Anne. Anne macht über Rolfs Kopf Hasenohren. Auf dem Foto sieht das ganz schön blöd aus. Katrin reckt ihren Kopf über den von Doris, da Doris eigentlich zu groß ist, um vor ihr zu stehen. Der Fotograf hält drei Finger über den Kopf, zählt „drei, zwei, eins" und schießt ein Foto, auf dem alle lustig aussehen.

220 ●●● Völlig verdreht

So gut war ich. ☺ 😐 ☹

Bei einem beliebten Partyspiel müssen sich die Mitspieler in die Richtung bewegen, die ein Pfeil auf einer Scheibe anzeigt. Mehrere Personen tun dies gleichzeitig und es entsteht ein Menschenknoten. Setze die passenden Präpositionen ein.

Kerrin muss in der ersten Runde ihren rechten Arm **(a)** __________ Falks linkes Bein heben. Falk hingegen muss mit dem rechten Fuß auf das Feld genau links **(b)** __________ Petra. Petra schiebt ihren linken Arm **(c)** __________ Kerrins rechtem Arm **(d)** __________. Petra, die schon völlig verdreht beinahe ganz **(e)** __________ dem Boden liegt, muss nun **(f)** __________ ihrem Kopf **(g)** __________ Falks Beinen **(h)** __________, um das gelbe Feld zu erreichen. Kerrin muss sich **(i)** __________ sich selbst drehen, um mit dem rechten Fuß das grüne Feld zu erreichen, und als Falk ein winziges Stück **(j)** __________ links rückt, liegen alle **(k)** __________ dem Boden.

219 Klaus steht neben Bettina. Hinter Bettina steht Thomas. Thomas steht vor Volker, der hinter allen steht, da er alle überragt. Johannes steht auf den Füßen von Susanne. Susannes rechte Hand liegt auf der Schulter ihrer besten Freundin Anne. Anne macht über Rolfs Kopf Hasenohren. Auf dem Foto sieht das ganz schön blöd aus. Katrin reckt ihren Kopf über den von Doris, da Doris eigentlich zu groß ist, um vor ihr zu stehen. Der Fotograf hält drei Finger über den Kopf, zählt „drei, zwei, eins" und schießt ein Foto, auf dem alle lustig aussehen.

220 (a) über; **(b)** neben; **(c)** unter; **(d)** durch; **(e)** auf; **(f)** mit; **(g)** unter; **(h)** durch; **(i)** um; **(j)** nach; **(k)** auf

221 ●●○ Am Baggersee

So gut war ich.

Schreibe die Sätze so um, dass in jedem eine Präposition vorkommt.

Verena liegt auf der Wiese. Ein Stückchen weiter links sehen wir Jens.
Jens liegt links neben Verena auf der Wiese.

a) Es regnet in Strömen, aber Jan wird nicht nass, weil er einen Dachvorsprung gefunden hat.

b) Wenn man nach oben schaut, kann man Lillian sehen, die gleich vom Dreier springen wird.

c) Da kommt Sven. Er hat seinen Hund dabei.

222 ●●● Dein Arbeitsplatz

So gut war ich.

Beschreibe mit möglichst vielen Präpositionen möglichst genau deinen Arbeitsplatz.

221 a) Es regnet in Strömen, aber Jannis wird nicht nass, weil er unter einem Dachvorsprung steht.
b) Wenn man nach oben schaut, sieht man Lillian auf dem Dreier. **c)** Da kommt Sven mit seinem Hund.

223 ●●○ Durchmischt

So gut war ich.

Bestimme jeweils die Wortart.

a) „hier“ ist ______________________.

b) „auf“ ist ______________________.

c) „gehen“ ist ______________________.

d) „schön“ ist ______________________.

e) „oder“ ist ______________________.

f) „er“ ist ______________________.

g) „etwas“ ist ______________________.

224 ●●● Wörter im Satz

So gut war ich.

Schreibe die Wortart der einzelnen Wörter auf.

Dieses Jahr wird der Sommer

____

nicht verregnet, sondern schön.

____

223 a) Adverb; **b)** Präposition; **c)** Verb; **d)** Adjektiv; **e)** Konjunktion; **f)** Personalpronomen; **g)** Indefinitpronomen

224 dieses: Demonstrativpronomen; **Jahr:** Nomen; **wird:** Verb; **der:** Artikel; **Sommer:** Nomen; **nicht:** Adverb; **verregnet:** Adjektiv; **sondern:** Konjunktion; **schön:** Adjektiv

225 ●○○ Wahrheit oder Lüge?

So gut war ich.

Entscheide, was richtig und was falsch ist.

a) Mit einem Aussagesatz stellt man eine Frage.

richtig ● falsch ●

b) Mit einem Aussagesatz will man jemanden beleidigen.

richtig ● falsch ●

c) In einem Aussagesatz wird etwas berichtet, erzählt oder mitgeteilt.

richtig ● falsch ●

d) In einem Aussagesatz fehlt das Verb.

richtig ● falsch ●

e) Nach einem Aussagesatz steht ein Punkt.

richtig ● falsch ●

f) Dies ist ein Aussagesatz.

richtig ● falsch ●

226 ●○○ Ohne Punkt und Komma

So gut war ich.

Unterteile die Wortschlange in mehrere kleine Sätze. Denke daran, dass du den Satzanfang großschreiben musst.

Caroline spielt Basketball Basketball ist ihr Hobby sie übt diesen Sport schon seit vielen Jahren aus deshalb ist sie auch besonders gut

____

____

____

____

225 a) falsch; **b)** falsch; **c)** richtig; **d)** falsch; **e)** richtig; **f)** richtig

226 Caroline spielt Basketball. Basketball ist ihr Hobby. Sie übt diesen Sport schon seit vielen Jahren aus. Deshalb ist sie auch besonders gut.

227 ●○○ Fragen über Fragen

So gut war ich.

Beantworte die Fragen mit *ja* oder *nein*.

a) Kann man mit einem Fragesatz eine Frage stellen?

ja ○ nein ○

b) Kann der Fragesatz mit einem Fragepronomen beginnen?

ja ○ nein ○

c) Kann der Fragesatz mit einem anderen Wort beginnen?

ja ○ nein ○

d) Endet der Fragesatz mit einem Punkt?

ja ○ nein ○

e) Endet der Fragesatz mit einem Fragezeichen?

ja ○ nein ○

f) Ist dies ein Fragesatz?

ja ○ nein ○

228 ●○○ Die verwischte Schrift

So gut war ich.

Tanja schreibt ihrer Freundin in Berlin einen Brief. Leider ist Tee über den Brief gelaufen und hat alle Punkte und Fragezeichen verwischt. In dem Brief stecken zwei Fragen. Findest du sie?

Liebe Katja,
leider musstest du lange auf meinen Brief warten Bist du mir deswegen eigentlich böse Ich hoffe nicht, doch bevor du dich fragst, warum ich erst jetzt schreibe, erkläre ich dir, was hier los war Hast du schon einmal einen Umzug mitgemacht

227 a) ja; **b)** ja; **c)** ja; **d)** nein; **e)** ja; **f)** ja

228 Liebe Katja, leider musstest du lange auf meinen Brief warten. Bist du mir deswegen eigentlich böse? Ich hoffe nicht, doch bevor du dich fragst, warum ich erst jetzt schreibe, erkläre ich dir, was hier los war. Hast du schon einmal einen Umzug mitgemacht?

229 ●●○ Wer weiß die Antwort?

So gut war ich.

Setze die passenden Fragepronomen ein. Manchmal gibt es mehrere Möglichkeiten.

a) ____________ hat die Zeit erfunden?

b) ____________ kommt nach der 10 die 11 und dann die 12?

c) ____________ bin ich nicht du?

d) ____________ lange dauert die Unendlichkeit?

e) ____________ groß ist das Weltall?

f) ____________ denkst du?

g) ____________ gibt es eigentlich Fragen zuhauf und viel zu wenig Antworten drauf?

230 ●●○ Natascha nuschelt

So gut war ich.

Natascha möchte ihrer Freundin Heike das Neueste berichten. Leider nuschelt Natascha ganz erbärmlich und Heike muss ständig nachfragen.
Formuliere diese Sätze in Fragen um. Es gibt mehrere Möglichkeiten.

a) Dirk hat sich einen Hund gekauft.

____

____

b) Katrin hat einen platten Fahrradreifen.

____

____

c) Paul hat die Stadtmeisterschaften im Schach gewonnen.

____

____

229 a) wer; **b)** warum/wieso; **c)** warum/wieso; **d)** wie; **e)** wie; **f)** was; **g)** warum/wieso

230 a) Hat Dirk sich einen Hund gekauft? oder: Was hat Dirk sich gekauft? oder: Wer hat sich einen Hund gekauft?
b) Hat Katrin einen platten Fahrradreifen? oder: Was hat Katrin? oder: Wer hat einen platten Fahrradreifen?
c) Hat Paul die Stadtmeisterschaften im Schach gewonnen? oder: Was hat Paul gewonnen? oder: Wer hat die Stadtmeisterschaften im Schach gewonnen? oder: Worin hat Paul die Stadtmeisterschaften gewonnen?

231 ●○○ Vor dem Schulfest

So gut war ich.

Beim jährlichen Schulfest ist alles durcheinandergeraten. Die Klasse 6a wollte auf dem Schulhof einen Hip-Hop-Tanzwettbewerb veranstalten, aber keiner ist dort, wo er sein soll. Der Klassensprecher versucht, die Ordnung wiederherzustellen.
Kreuze an, bei welchen Sätzen es sich um Aufforderungssätze handelt.

a) Macht Platz für die Tanzfläche!

b) Könntet ihr bitte etwas leiser sein?

c) Hol bitte die Plakatwand, Boris!

d) Die anderen Kinder werden gleich zum Tanzen kommen.

e) Warum ist die Musikanlage noch nicht aufgestellt?

f) Hol jetzt bitte den Tisch und stell ihn hier hin!

g) Wir brauchen noch eine Treppe für die Siegerehrung.

h) Wer hat denn das Plakat verschmiert?

i) Sag bitte im Sekretariat Bescheid, dass wir noch Zeit brauchen!

232 ●○○ Das Murmelspiel

So gut war ich.

Bettina hat auf dem Dachboden ein altes Murmelspiel gefunden. Sie würde es gerne spielen, aber sie kennt die Regeln nicht. William, ihr Vater, erklärt ihr, wie es geht.
Setze die passenden Satzzeichen hinter die Sätze.

William: Hast du schon einmal Murmeln gespielt **(a)** ___ Bettina: Nein. Erklär mit bitte, wie es funktioniert **(b)** ___ William: Nimm eine Murmel aus dem Glas **(c)** ___ Dann gehst du in die Hocke **(d)** ___ Nimm ein bisschen Schwung **(e)** ___ Du solltest möglichst viele andere Murmeln mit deiner Murmel treffen **(f)** ___ Pass auf, dass du die große Murmel nicht zu weit weg schießt **(g)** ___ Wer am Ende mit seiner Murmel am nächsten an der großen Murmel ist, hat gewonnen **(h)** ___ Hast du alles verstanden **(i)** ___

231 a) Macht Platz für die Tanzfläche! **c)** Hol bitte die Plakatwand, Boris! **f)** Hol jetzt bitte den Tisch und stell ihn hier hin! **i)** Sag bitte im Sekretariat Bescheid, dass wir noch Zeit brauchen!
232 (a) Fragezeichen; **(b)** Ausrufezeichen; **(c)** Ausrufezeichen; **(d)** Punkt; **(e)** Ausrufezeichen; **(f)** Punkt; **(g)** Ausrufezeichen; **(h)** Punkt; **(i)** Fragezeichen

233 ●●○ Sag es direkt!

So gut war ich. ☺ 😐 ☹

Volker ist ein bisschen schusselig und steht anderen gerne im Weg. Meistens merkt er nicht, wenn er andere gerade stört. Formuliere mithilfe von Aufforderungssätzen die Wünsche der anderen so, dass Volker sie versteht.

Marius: Ich bin beinahe über die Schuhe im Gang gefallen.
Räum deine Schuhe aus dem Weg!

a) Lucy: Hörst du das Klingeln an der Tür nicht?

____

b) Pia: Der Tisch ist ja immer noch nicht gedeckt.

____

c) Valentina: Es ist ganz schön laut, wenn die Tür nicht geschlossen ist.

____

234 ●●○ Spitze Spitzer!

So gut war ich. ☺ 😐 ☹

Ergänze die Anleitung zum Bleistiftspitzen durch die Imperativform der angegebenen Verben. Setze auch die richtigen Satzzeichen.

nehmen, stecken, drehen, herausziehen, schreiben

(a) ____________ einen Bleistift und ____________ ihn in die Öffnung des Spitzers ☐

(b) ____________ den Bleistift so lange, bis er gespitzt ist ☐

(c) ____________ den Bleistift ____________ ☐

(d) ____________ mit dem Bleistift weiter ☐

233 a) Mach/Mache die Tür auf! (oder: Öffne die Tür!) **b)** Deck/Decke den Tisch! **c)** Schließ/Schließe die Tür!
234 (a) Nimm einen Bleistift und **steck** ihn in die Öffnung des Spitzers!
(b) Dreh den Bleistift so lange, bis er gespitzt ist!
(c) Zieh den Bleistift **heraus!**
(d) Schreib mit dem Bleistift weiter! (Statt **steck**, **dreh**, **zieh heraus** und **schreib** kannst du auch **stecke**, **drehe**, **ziehe heraus** und **schreibe** schreiben.)

235 ●○○ Wer versteht hier nur Bahnhof?

So gut war ich.

In wie viele einzelne Hauptsätze lassen sich die Satzreihen einteilen? Schreibe die Zahl hinter die Satzreihe.

(a) Der Schaffner schließt die Türen, die Reise beginnt. ______

(b) Die Fahrgäste schauen sich um. ______

(c) Der Schaffner geht durch die Abteile, er schaut sich von allen Fahrgästen die Fahrkarten an und er beantwortet ihre Fragen zur Fahrt. ______

(d) Manche Fahrgäste kaufen sich einen Kaffee, andere kaufen sich ein belegtes Brot und man kann sogar ein Mittagessen bekommen. ______

(e) Der Zug hält an vielen Stationen, Menschen steigen zu, Menschen steigen aus und alle kommen an ihr Ziel. ______

236 ●●○ Echt verbunden

So gut war ich.

Verbinde die Sätze zu einer Satzreihe, indem du ein Komma setzt oder die Konjunktion *und* verwendest.

a) Sarah spielt Geige. Martin spielt Bass.

____

b) Verena liebt Bücher. Sie hat schon viele Vorlesewettbewerbe gewonnen.

____

c) Claudia hat einen Vogel. Sie hat auch einen Hamster.

____

d) Laura spielt Volleyball. Sie ist auch im Leichtathletikverein.

____

235 (a) 2; **(b)** 1; **(c)** 3; **(d)** 3; **(e)** 4

236 a) Sarah spielt Geige, Martin spielt Bass. **b)** Verena liebt Bücher und sie hat schon viele Vorlesewettbewerbe gewonnen. **c)** Claudia hat einen Vogel und sie hat einen Hamster. **d)** Laura spielt Volleyball und sie ist im Leichtathletikverein.

237 ●○○ Nicht ohne den Hauptsatz

So gut war ich. ☺ 😐 ☹

Satzgefüge bestehen aus mindestens einem Hauptsatz und einem Nebensatz. Nebensätze erkennst du daran, dass sie nicht allein stehen können. Unterstreiche den Nebensatz.

a) Hans spielt Handball, weil es Spaß macht.

b) Karsten reitet, obwohl er als kleines Kind Angst vor Pferden hatte.

c) Als Marc nach Hause kam, war Celia beim Hockey.

d) Weil Ingeborg schnell strickt, ist der Pullover schon fertig.

e) Johannes geht einkaufen, obwohl er sich lieber mit seinen Freunden treffen würde.

f) Olaf glaubt, dass morgen die Sonne scheinen wird.

g) Uli schreibt Briefe, weil sie E-Mails unpersönlich findet.

238 ●○○ Das Verb, das immer am Schluss kommt

So gut war ich. ☺ 😐 ☹

Den Nebensatz erkennst du daran, dass das konjugierte Verb immer am Ende steht. Unterstreiche das konjugierte Verb am Ende des Nebensatzes.

a) Gisela liebt das Wandern in den Bergen, weil die Aussicht so schön ist.

b) Harald füttert seinen Hund, der sich hungrig auf das Futter stürzt.

c) Cornelia sucht ihren Hamster, der unter dem Bett verschwunden ist.

d) Einar kann besonders gut flöten, da er schon viele Jahre Unterricht nimmt.

e) Anja betreut Jugendliche, die bei einer Freizeit mitfahren.

f) Hakan spielte Fußball, als es zu regnen begann.

g) Anton passt auf seinen kleinen Bruder auf, bis seine Mutter vom Einkaufen zurück ist.

h) Während Kerrin in London den Tower besichtigte, fuhr William mit der U-Bahn.

237 a) Hans spielt Handball, weil es Spaß macht. **b)** Karsten reitet, obwohl er als kleines Kind Angst vor Pferden hatte. **c)** Als Marc nach Hause kam, war Celia beim Hockey. **d)** Weil Ingeborg schnell strickt, ist der Pullover schon fertig. **e)** Johannes geht einkaufen, obwohl er sich lieber mit seinen Freunden treffen würde. **f)** Olaf glaubt, dass morgen die Sonne scheinen wird. **g)** Uli schreibt Briefe, weil sie E-Mails unpersönlich findet.

238 a) ist; **b)** stürzt; **c)** ist; **d)** nimmt; **e)** mitfahren; **f)** begann; **g)** ist; **h)** besichtigte

239 ●●○ Die Schneeballschlacht

So gut war ich. ☺ 😐 ☹

Wenn im Winter richtig viel Schnee liegt, treffen sich alle Kinder des Dorfes zu einer Schneeballschlacht.
Denke dir die fehlenden Nebensätze aus. Benutze dabei die vorgegebenen Konjunktionen.

Gerda formt die größten Schneebälle, weil *sie keine Angst vor kalten Fingern hat.*

a) Doris legt ihre Pudelmütze beiseite, denn

____

b) Philipp hat sich nach draußen gewagt, obwohl

____

c) Peter versteckt sich hinter einer Hauswand, damit

____

240 ●●○ Was genau eigentlich?

So gut war ich. ☺ 😐 ☹

Ersetze den fehlenden Relativsatz mit der in Klammern angegebenen Information.

Das Buch, *das ich gerade lese*, ist spannend.

(Ich lese gerade ein Buch.)

a) Die Katze, ______________________________, schnurrt zufrieden.

(Die Katze hat eine Maus gefangen.)

b) Der Turm, ______________________________, steht in Pisa.

(Der Turm ist besonders schief.)

c) Die Frau, ______________________________, duckt sich.

(Die Frau ist besonders groß.)

239 So könnte deine Lösung aussehen:
a) …, denn sie stört beim Werfen. **b)** …, obwohl schlechtes Wetter ist. **c)** …, damit er nicht getroffen wird.
240 a) Die Katze, die eine Maus gefangen hat, schnurrt zufrieden. **b)** Der Turm, der besonders schief ist, steht in Pisa. **c)** Die Frau, die besonders groß ist, duckt sich.

241 ●●○ Wer weiß hier eigentlich was?

So gut war ich.

Wandle die direkte Frage in einen indirekten Fragesatz um. Der indirekte Fragesatz ist der Nebensatz.

Stefan: Wo sind meine Socken?
Stefan möchte wissen, wo seine Socken sind.

a) Charles: Wer kann mir bei den Hausaufgaben helfen?

____

b) Rita: Wieso kann Klaus nicht einmal pünktlich sein?

____

c) Jonathan: Wann fährt eigentlich der Bus?

____

d) Heike: Wie mache ich den Pizzateig?

____

242 ●●○ Was machst du heute?

So gut war ich.

Ordne die Wörter zu einem Hauptsatz und einem Nebensatz mit Infinitiv.

a) Minigolf Peter zu spielen vorhat.

____

b) Zu putzen Anja daran Fahrrad ihr endlich denkt.

____

c) Einen Tennispartner Fred versucht zu finden.

____

241 a) Charles möchte wissen/will wissen/fragt, wer ihm bei den Hausaufgaben helfen kann. **b)** Rita fragt/möchte wissen/will wissen, warum Klaus nicht einmal pünktlich sein kann. **c)** Jonathan will wissen/möchte wissen/fragt, wann der Bus eigentlich fährt. **d)** Heike fragt/möchte wissen/will wissen, wie man den Pizzateig macht.
242 a) Peter hat vor, Minigolf zu spielen. **b)** Anja denkt daran, endlich ihr Fahrrad zu putzen. **c)** Fred versucht, einen Tennispartner zu finden.

243 ●●○ Ganz schön verzwickt

So gut war ich.

Zeige, wie das Satzgefüge aufgebaut ist, indem du die Sätze in Haupt- und Nebensätze aufteilst.

Die Katze, die auf den Baum geklettert ist, kommt dort nicht mehr runter.
Hauptsatz: *Die Katze kommt dort nicht mehr runter.*
Nebensatz: *..., die auf den Baum geklettert ist,*

a) Jack, der immer alle anderen Kinder verprügelt, ist selbst eigentlich ein großer Feigling.

Hauptsatz: ______________________________

Nebensatz: ______________________________

b) Costa, der seine Großeltern sehr vermisst, darf sie diesen Sommer in Griechenland besuchen.

Hauptsatz: ______________________________

Nebensatz: ______________________________

244 ●●● Apfelernte

So gut war ich.

Verwandle die einzelnen Sätze zu einem Satzgefüge.

Die Apfelbäume stehen im Garten. Die Apfelbäume tragen Früchte. Die Äpfel müssen geerntet werden.
Die Apfelbäume, die im Garten stehen, tragen Früchte, die geerntet werden müssen.

a) Letzten Sommer regnete es kaum. Die Ernte wird sehr schlecht ausfallen.

____

____

b) Torben ist zu spät. Torben muss sich beeilen.

____

243 a) Hauptsatz: Jack ist selbst eigentlich ein großer Feigling. **Nebensatz:** , der immer alle anderen Kinder verprügelt, **b) Hauptsatz:** Costa darf sie dieses Jahr in Griechenland besuchen. **Nebensatz:** , der seine Großeltern sehr vermisst,

244 a) Da/weil es letzten Sommer kaum regnete, wird die Ernte sehr schlecht ausfallen. Oder: Letzten Sommer regnete es kaum, sodass die Ernte sehr schlecht ausfallen wird. **b)** Weil/da Torben zu spät ist, muss er sich beeilen.

245 ●○○ „Seltsam sehr das ist Zweifel ohne“

So gut war ich.

Kreuze an, welche Sätze richtig sind.

a) Vor vielen Jahren lebten auf einem riesigen Kontinent die Dinosaurier.

b) Riesigen auf Kontinent vor einem die Dinosaurier lebten vielen Jahre.

c) Kontinent riesigen vielen Jahren vor die Dinosaurier lebten auf einem.

d) Auf einem riesigen Kontinent lebten vor vielen Jahren die Dinosaurier.

e) Die Dinosaurier lebten vor vielen Jahren auf einem riesigen Kontinent.

f) Vor vielen Jahren die Dinosaurier auf einem riesigen Kontinent lebte.

246 ●○○ Was gehört zusammen?

So gut war ich.

Bestimmte Wörter lassen sich nur zusammen verschieben. Sieh dir die Sätze genau an und schreibe die Wörter, die zusammenbleiben müssen, als Wortgruppe auf die Linien. Notiere auch die Wörter, die allein stehen.

(a) Jessica und Antonio gehen heute in den Zoo.
Heute gehen Jessica und Antonio in den Zoo.
In den Zoo gehen heute Jessica und Antonio.

(b) Pamela spielt seit vielen Jahren Gitarre.
Gitarre spielt seit vielen Jahren Pamela.
Seit vielen Jahren spielt Pamela Gitarre.

245 a) Vor vielen Jahren lebten auf einem riesigen Kontinent die Dinosaurier. **d)** Auf einem riesigen Kontinent lebten vor vielen Jahren die Dinosaurier. **e)** Die Dinosaurier lebten vor vielen Jahren auf einem riesigen Kontinent.
246 (a) Jessica und Antonio; gehen; heute; in den Zoo. **(b)** Pamela; spielt; seit vielen Jahren; Gitarre.

247 ●●○ Ein Satz, viele Möglichkeiten

So gut war ich.

Stelle die einzelnen Satzglieder so um, dass du drei verschiedene Sätze erhältst.

a) Alina kocht heute für die ganze Familie.

b) Alle loben danach Alinas Kochkunst.

c) Ludwig spart schon lange auf ein Pferd.

248 ●●● Alle sind zu spät

So gut war ich.

Nicht immer hast du die Möglichkeit, die Umstellprobe ausführlich durchzuführen. Kennzeichne bei den folgenden Sätzen, welche Satzglieder zusammengehören, indem du sie durch Striche trennst.

a) Ute hat den Bus verpasst.

b) Daniel hat beim Anziehen getrödelt.

c) Jonas hat den Wecker nicht gehört.

d) Verena konnte ihre Zahnbürste nicht finden.

247 a) Heute kocht Alina für die ganze Familie. Für die ganze Familie kocht heute Alina. Heute kocht für die ganze Familie Alina. **b)** Danach loben alle Alinas Kochkunst. Alinas Kochkunst loben alle danach. Alle loben Alinas Kochkunst danach. **c)** Auf ein Pferd spart Ludwig schon lange. Schon lange spart Ludwig auf ein Pferd. Ludwig spart auf ein Pferd schon lange.

248 a) Ute | hat | den Bus | verpasst. **b)** Daniel | hat | beim Anziehen | getrödelt. **c)** Jonas | hat | den Wecker | nicht | gehört. **d)** Verena | konnte | ihre Zahnbürste | nicht | finden.

249 ●○○ Ein seltsames Fußballspiel

So gut war ich. ☺ 😐 ☹

Der Trainer der Fußballmannschaft ist krank. Darum verläuft das Spiel auch nicht wie ein normales Spiel. Unterstreiche in jedem Satz das Satzglied, das an zweiter Stelle steht. Das ist das Prädikat.

Valerie rollt sich beim Anpfiff auf dem Boden. Ulf jubelt nur bei einem Eigentor. Eike täuscht den eigenen Torwart. Torwart Karl geht jedem Ball aus dem Weg. Der Co-Trainer applaudiert der gegnerischen Mannschaft. Paul spielt dem gegnerischen Verteidiger einen Ball zu. Johanna turnt am Tor. Frederik schläft mitten auf dem Spielfeld. Judith telefoniert mit ihrer besten Freundin. Carsten macht noch schnell die schwierigen Mathehausaufgaben.

250 ●○○ Nach dem Spiel

So gut war ich. ☺ 😐 ☹

Die Mannschaft hat das Spiel natürlich verloren. Der Trainer ist entsetzt, als ihm Heike von den Fehlern der Jungen und Mädchen berichtet.
Unterstreiche das Prädikat, aber beachte, dass es hier aus zwei Teilen besteht.
Die konjugierte Form bildet mit dem anderen Teil des Prädikats die Prädikatsklammer.

„Katrin hat ständig die gegnerische Mannschaft angefeuert. Lars hat immer auf das eigene Tor geschossen. Der Torwart ist während des Spiels kurz auf die Toilette gegangen. Petra musste ihren Bus noch vor Ablauf der ersten Halbzeit bekommen. Der Co-Trainer hat den besten Spieler nach Hause geschickt. Oliver hat seine Brille zu Hause vergessen. Christian hat den Ball ständig in einen Korb geworfen. Udo hat wegen des großen Motorradhelms auf seinem Kopf nichts gesehen."

249 Valerie rollt sich beim Anpfiff auf dem Boden. Ulf jubelt nur bei einem Eigentor. Eike täuscht den eigenen Torwart. Torwart Karl geht jedem Ball aus dem Weg. Der Co-Trainer applaudiert der gegnerischen Mannschaft. Paul spielt dem gegnerischen Verteidiger einen Ball zu. Johanna turnt am Tor. Frederik schläft mitten auf dem Spielfeld. Judith telefoniert mit ihrer besten Freundin. Carsten macht noch schnell die schwierigen Mathehausaufgaben.

250 Katrin hat ständig die gegnerische Mannschaft angefeuert. Lars hat immer auf das eigene Tor geschossen. Der Torwart ist während des Spiels kurz auf die Toilette gegangen. Petra musste ihren Bus noch vor Ablauf der ersten Halbzeit bekommen. Der Co-Trainer hat den besten Spieler nach Hause geschickt. Oliver hat seine Brille zu Hause vergessen. Christian hat den Ball ständig in einen Korb geworfen. Udo hat wegen des großen Motorradhelms auf seinem Kopf nichts gesehen.

251 ●●○ Da fehlt was

So gut war ich. ☺ 😐 ☹

Setze ein passendes Prädikat ein. Folgende Verben stehen zur Auswahl.

warten, treffen, verspäten, kommen, helfen, spielen, fahren, beginnen, gehen

Kerstin und Gunda **(a)** ____________ schon lange gemeinsam zum Cellounterricht.

Kerstin **(b)** ____________ früher mit dem Musizieren ____________ als

Gunda. Darum **(c)** ____________ Kerstin auch ein bisschen besser.

Sie **(d)** ____________ Gunda aber oft. Kerstin **(e)** ____________ immer

auf Gunda an der Bushaltestelle. Die beiden **(f)** ____________ sich immer dort.

Der Bus **(g)** ____________ und der Bus **(h)** ____________ heute ohne

Gunda. Gunda **(i)** ____________ sich schon wieder ____________.

252 ●●○ Fernweh

So gut war ich. ☺ 😐 ☹

In der Klasse 5b unterhalten sich einige Kinder über das Reisen. Bilde aus den vorgegebenen Wörtern Sätze zum Thema. Unterstreiche dann die Prädikate.

(a) … sind geflogen, nach Italien
(b) … werden fahren, in die Schweiz
(c) … war zelten, mit anderen Pfadfindern
(d) … haben gebucht, nächstes Jahr, Reise nach Australien

____

____

____

____

____

____

____

251 (a) gehen; **(b)** hat … begonnen; **(c)** spielt; **(d)** hilft; **(e)** wartet; **(f)** treffen; **(g)** kommt; **(h)** fährt; **(i)** hat verspätet

252 (a) Wir sind nach Italien geflogen. **(b)** Wir werden in die Schweiz fahren. **(c)** Ich war mit anderen Pfadfindern zelten. **(d)** Wir haben für nächstes Jahr eine Reise nach Australien gebucht.

253 ●●○ Eine schlaue Frage ist fast eine gute Antwort

So gut war ich. ☺ 😐 ☹

Erfrage das Prädikat des Satzes und schreibe die Antwort auf.

Sabine fährt mit dem Fahrrad zum Schwimmbad.
Was macht Sabine? Sie fährt mit dem Fahrrad zum Schwimmbad.

a) Gina geht mit ihrem Großvater spazieren.

b) Elke freut sich über das schöne Wetter.

c) Julia spielt mit ihrer Freundin Federball.

d) Viktor liest ein Buch.

254 ●●● Wie entsteht Honig?

So gut war ich. ☺ 😐 ☹

Wächst er auf Bäumen? Schwimmt er im Fluss?
Schreibe einige kurze Sätze darüber, wie Honig tatsächlich hergestellt wird, und unterstreiche die Prädikate. Benutze für deinen Text folgende Wörter:

Imker, Bienen, Bienenstock, haben, … Bienen, sammeln, Honig, … Honig, sich befinden, Waben, … später, Imker, Honig, ernten

253 a) Was macht Gina? Sie geht mit ihrem Großvater spazieren. **b)** Was macht Elke? Sie freut sich über das schöne Wetter. **c)** Was macht Julia? Sie spielt … **d)** Was macht Viktor? Er liest …
254 Der Imker hat Bienen in einem Bienenstock. Die Bienen sammeln Honig. Der Honig befindet sich in den Waben. Später erntet der Imker den Honig.

255 ●○○ Kann das sein?

So gut war ich.

Viele der folgenden Behauptungen über das Subjekt sind richtig. Doch bei einigen hat sich jemand Blödsinn einfallen lassen. Entscheide, ob die Aussagen falsch oder richtig sind.

a) Das Subjekt ist die Satzaussage.

richtig ● falsch ●

b) Das Subjekt ist der Satzgegenstand.

richtig ● falsch ●

c) Das Subjekt lässt sich nicht erfragen.

richtig ● falsch ●

d) Das Subjekt lässt sich erfragen mit „Was geschieht?“.

richtig ● falsch ●

e) Das Subjekt lässt sich erfragen mit „Wer oder was tut etwas?“.

richtig ● falsch ●

f) Das Subjekt kann im Satz verschoben werden.

richtig ● falsch ●

g) Das Subjekt kann nicht im Satz verschoben werden.

richtig ● falsch ●

256 ●○○ Geisterstunde

So gut war ich.

Nachts ist es manchmal ganz schön unheimlich. Mara fürchtet sich vor den vielen Geräuschen, die zu hören sind, wenn man ganz leise ist. Unterstreiche in jedem Satz das Subjekt.

Der Wind pfeift. Die Dielen knarren. Die Eule ruft. Die Tür schlägt zu. Die Kochtöpfe scheppern im Schrank. Ein unheimliches Licht leuchtet draußen in der Einfahrt auf.

255 a) falsch; **b)** richtig; **c)** falsch; **d)** falsch; **e)** richtig; **f)** richtig; **g)** falsch
256 Der Wind pfeift. Die Dielen knarren. Die Eule ruft. Die Tür schlägt zu. Die Kochtöpfe scheppern im Schrank. Ein unheimliches Licht leuchtet draußen in der Einfahrt.

257 ●○○ Die Kunstausstellung

So gut war ich. ☺ 😐 ☹

Setze das passende Subjekt ein.

der Mann, die Sonnenblumen, man, der Künstler, die Skulptur, die Besucher

a) ______________________ auf dem Bild blühen.

b) ______________________ ist heute persönlich da.

c) ______________________ schauen sich die Bilder an.

d) ______________________ an der Kasse verkauft Postkarten.

e) ______________________ sieht durch das Fenster Bäume.

f) ______________________ steht eindrucksvoll im Raum.

258 ●●○ Völlig verrückt

So gut war ich. ☺ 😐 ☹

Das Subjekt steht nicht immer am Anfang des Satzes, sondern wird oft auch an eine andere Stelle verrückt. Unterstreiche in den Sätzen das Subjekt.

a) Dem Hund gibt der Mann den Knochen.

b) Den Buchdruck erfand vor langer Zeit Johannes Gutenberg.

c) Reich zu sein, wünschen sich viele Menschen in allen Ländern der Erde.

d) Heutzutage schreiben die meisten Menschen keine Briefe mehr.

e) Ein Floh hat wenig Verstand. Wenig Verstand hat ein Floh.

f) Im Winter ist der See zugefroren.

g) Auf der Erde wünschen sich Menschen Frieden.

h) Ein Kobold hat am Ende des Regenbogens einen Schatz versteckt.

257 a) die Sonnenblumen, **b)** der Künstler, **c)** die Besucher, **d)** der Mann, **e)** man, **f)** die Skulptur
258 a) Dem Hund gibt der Mann den Knochen. **b)** Den Buchdruck erfand vor langer Zeit Johannes Gutenberg. **c)** Reich zu sein, wünschen sich viele Menschen in allen Ländern der Erde. **d)** Heutzutage schreiben die meisten Menschen keine Briefe mehr. **e)** Ein Floh hat wenig Verstand. Wenig Verstand hat ein Floh. **f)** Im Winter ist der See zugefroren. **g)** Auf der Erde wünschen sich Menschen Frieden. **h)** Ein Kobold hat am Ende des Regenbogens einen Schatz versteckt.

259 ●●○ Man weiß noch nichts Genaues

So gut war ich.

In die Villa Steinreich ist eingebrochen worden. Die Polizei tappt allerdings noch völlig im Dunkeln.
Schreibe die Sätze so um, dass das Subjekt des vorgegebenen Hauptsatzes am Anfang deines Satzes steht. Beachte, dass das Subjekt nicht zwingend ein Nomen ist. Es kann auch ein Pronomen sein.

In die Villa Steinreich hat man letzte Nacht eingebrochen.
Man hat letzte Nacht in die Villa Steinreich eingebrochen.

a) Noch ist unklar, wie es dazu kommen konnte.

___

b) Auffällig ist nichts.

___

c) Ihr Bestes werden alle geben.

___

260 ●●● Selbst aktiv werden

So gut war ich.

Im Fernsehen sieht man oft Menschen, die sich für irgendetwas engagieren. Was kann man tun, um die Welt ein bisschen zu verbessern? Schreibe deine Ideen auf und benutze folgende Wörter als Subjekte.

man, jeder, niemand, nichts

___

___

___

___

___

___

___

259 a) Es ist noch unklar, wie es dazu kommen konnte. **b) Nichts** ist auffällig. **c) Alle** werden ihr Bestes geben.

261 ●○○ Streit im Supermarkt

So gut war ich.

Beantworte die Fragen in einem ganzen Satz.

Harald beschuldigt Jonas, weil Jonas sich an der Kasse vorgedrängelt hat.
Wen beschuldigt Harald? *Harald beschuldigt Jonas.*

a) Christine schreit Norbert an, weil er die Kühltruhe nicht geschlossen hat.

Wen schreit Christine an? ______________________

b) Olaf meckert Gerda an, weil sie mit dem Einkaufswagen den Weg versperrt.

Wen meckert Olaf an? ______________________

c) Anne schubst Dieter, weil er ihr den letzten Salatkopf nicht überlassen will.

Wen schubst Anne? ______________________

d) Judith ermahnt Laura, weil sie an der Kasse trödelt.

Wen ermahnt Judith? ______________________

262 ●○○ Tierzwist

So gut war ich.

Entscheide, ob es sich bei dem unterstrichenen Objekt im Satz um ein Akkusativobjekt handelt.

a) Der Hund jagt die Katze.

ja ○ nein ○

b) Der Floh ängstigt den Elefanten.

ja ○ nein ○

c) Die Katze jagt der Maus Angst ein.

ja ○ nein ○

d) Der Bär gibt dem Huhn einen Tritt.

ja ○ nein ○

e) Die Maus will den Floh fressen.

ja ○ nein ○

f) Der Löwe zertrampelt den Floh.

ja ○ nein ○

g) Der Hase jagt die Schildkröte.

ja ○ nein ○

h) Der Wal verschluckt den Aal.

ja ○ nein ○

261 a) Christine schreit Norbert an. **b)** Olaf meckert Gerda an. **c)** Anne schubst Dieter. **d)** Judith ermahnt Laura.
262 a) ja; **b)** ja; **c)** nein; **d)** nein; **e)** ja; **f)** ja; **g)** ja; **h)** ja

263 ●●○ Gut gefragt ist fast gewusst

So gut war ich.

Jeder der folgenden Sätze enthält ein Akkusativobjekt. Stelle die richtige Frage, um herauszubekommen, bei welchem Satzglied es sich um das Akkusativobjekt handelt.

a) Wir nehmen uns Zeit.

b) Du schreibst gerne Briefe.

c) Er gibt dem Hund einen Knochen.

264 ●●○ Wie der Klassenraum wieder aussieht!

So gut war ich.

Im Klassenraum der 5b sieht es aus wie im Saustall. Die Kinder müssen aufräumen. Da es am schnellsten geht, wenn alle zusammenarbeiten, hilft jeder mit. Unterstreiche alle Akkusativobjekte.

Dorothea nimmt sich den Tafelschwamm und macht damit die Tafel sauber. Edgar nimmt sich den Papiermüll und leert ihn aus. Karin putzt die Fenster und achtet darauf, dass keine Streifen entstehen. Julia fegt den Boden und wirft danach alles weg. Frauke kümmert sich um den Türrahmen. Ute wischt den Schrank aus. Peter schrubbt die Tische und Stefan holt frisches Wasser. Mehmet wischt die Fensterbank und Uli stellt frische Blumen hin. Hanna füttert den Klassenfisch und Torsten macht das Aquarium sauber. Super, jetzt ist alles sauber.

263 a) Wen oder was nehmen wir uns? (Zeit) **b)** Wen oder was schreibst du gerne? (Briefe) **c)** Wen oder was gibt er dem Hund? (einen Knochen)

264 Dorothea nimmt sich den Tafelschwamm und macht damit die Tafel sauber. Edgar nimmt sich den Papiermüll und leert ihn aus. Karin putzt die Fenster und achtet darauf, dass keine Streifen entstehen. Julia fegt den Boden und wirft danach alles weg. Frauke kümmert sich um den Türrahmen. Ute wischt den Schrank aus. Peter schrubbt die Tische und Stefan holt frisches Wasser. Mehmet wischt die Fensterbank und Uli stellt frische Blumen hin. Hanna füttert den Klassenfisch und Torsten macht das Aquarium sauber. Super, jetzt ist alles sauber.

265 ●●○ Süß und lecker

So gut war ich.

Verwende das jeweils zweite Wort als Akkusativobjekt. Verwende außerdem folgende Verben: *mögen, lieben, gerne essen.*

Vater, saure Kirschen
Mein Vater mag die sauren Kirschen ganz besonders gern.

a) Mutter, süße Mangos

b) Schwester, Lakritzsterne

c) Opa, bunte Feuerwehrhelme

d) Kerstin, saure Gurken

266 ●●● Unordnung im Haus

So gut war ich.

Benutze das Subjekt des Satzes als Akkusativobjekt in einem weiteren Satz, den du frei erfinden kannst.

Die Socken sind verschwunden.
Meine Mutter sucht schon den ganzen Tag die Socken.

a) Der Füller liegt nicht mehr auf Pierres Schreibtisch.

b) Die Fernsehzeitung ist vom Wohnzimmertisch verschwunden.

265 a) Mutter mag süße Mangos. **b)** Meine Schwester liebt/mag Lakritzsterne. **c)** Opa mag bunte Feuerwehrhelme. **d)** Kerstin isst gerne saure Gurken. (Die Verben kannst du auch austauschen.)
266 So könnte deine Lösung aussehen: **a)** Pierre hat seinen Füller schon überall gesucht. **b)** Mein Bruder hat die Fernsehzeitung gestern das letzte Mal gesehen.

267 ●○○ Helfende Hände

So gut war ich. ☺ 😐 ☹

Wenn man einander hilft, gehen die Dinge oft viel einfacher. Unterstreiche, wem geholfen wird.

Dem alten Mann wird geholfen beim Überqueren der Straße. Benny hilft dem kleinen Bruder beim Binden der Schuhe. Bettina wird bei ihren Hausaufgaben geholfen. Josefine hilft ihrem Vater beim Rasenmähen. Ricarda hilft Gerd beim Jäten des Unkrauts. Helga wird beim Pizzabacken geholfen. Hilke hilft ihrer kleinen Schwester beim Telefonieren. August hilft dem Trainer beim Tragen der Bälle auf das Fußballfeld. Kira hilft ihrer Schwester beim Einschlafen und liest ihr eine Geschichte vor.

268 ●○○ Beste Freunde

So gut war ich. ☺ 😐 ☹

Setze ein passendes Dativobjekt ein.

Peter ist der beste Freund von Maxi, denn Peter erzählt **(a)** ______________ tolle Witze. Ann-Katrin ist die allerbeste Freundin von Hans-Jonas, denn sie gibt **(b)** ______________ Tipps für die Hausaufgaben. Christina kümmert sich oft um Ralfs Hund und macht **(c)** ______________ damit eine große Freude. Jenny hält schon zu Christian, seit sie mit **(d)** ______________ als ganz kleines Kind im Sandkasten gespielt hat. Taras bester Freund Jan-Michael backt **(e)** ______________ einmal wöchentlich ihren Lieblingspfannkuchen.

267 Dem alten Mann wird geholfen beim Überqueren der Straße. Benny hilft dem kleinen Bruder beim Binden der Schuhe. Bettina wird bei ihren Hausaufgaben geholfen. Josefine hilft ihrem Vater beim Rasenmähen. Ricarda hilft Gerd beim Jäten des Unkrauts. Helga wird beim Pizzabacken geholfen. Hilke hilft ihrer kleinen Schwester beim Telefonieren. August hilft dem Trainer beim Tragen der Bälle auf das Fußballfeld. Kira hilft ihrer Schwester beim Einschlafen und liest ihr eine Geschichte vor.

268 (a) Maxi/ihm; **(b)** Hans-Jonas/ihm; **(c)** Ralf/ihm; **(d)** Christian/ihm; **(e)** Tara/ihr

269 ●●○ Weihnachtswichteln

So gut war ich. ☺ 😐 ☹

In der Schule wird zur Weihnachtszeit gerne gewichtelt. Jedem Kind wird per Los ein anderes Kind zugeteilt, das es beschenken darf. Leider bekommen nicht immer alle Kinder, was sie sich wünschen. Dieses Jahr waren die Fehlgriffe besonders zahlreich. Erfrage das Dativobjekt in jedem Satz.

Lars schenkt Meike eine Krawatte.
Wem schenkt Meike eine Krawatte?

a) Verena schenkt Anton eine Modepuppe.

b) Paul schenkt dem Matheass Katrin ein leichtes Übungsbuch.

c) Liane schenkt der kurzhaarigen Ulla eine Haarspange.

d) Ilka hat Heuschnupfen und Jan schenkt ihr einen Blumenstrauß.

270 ●●○ Vor der Mathestunde

So gut war ich. ☺ 😐 ☹

Schreibe den Text ab und ersetze alle Dativobjekte durch neue Dativobjekte, die du dir ausdenkst.

Harald ist es egal, ob er seine Hausaufgaben Otto oder Rolf gibt, damit einer der beiden sie abschreiben kann.

269 a) Wem schenkt Verena eine Modepuppe? **b)** Wem schenkt Paul ein leichtes Übungsbuch? **c)** Wem schenkt Liane eine Haarspange? **d)** Wem schenkt Jan einen Blumenstrauß?
270 Ersetzt werden müssen: Harald, Otto, Rolf.

271 ●●○ In der Zoohandlung

So gut war ich.

Karl geht mit seinen Eltern in die Zoohandlung, um einen größeren Käfig für sein Meerschweinchen zu kaufen. Wandle jedes Subjekt in ein Dativobjekt um.

Die Schlange stürzt sich auf das Futter, das der Zoohändler ihr ins Terrarium wirft.

Der Zoohändler gibt **(a)** ______________________ eine Maus.

Die Welpen bekommen vom Zoohändler ein bisschen Milch.

Der Zoohändler gibt **(b)** ______________________ ein bisschen Milch.

Der Goldhamster bekommt vom Zoohändler ein neues Laufrad in den Käfig gestellt.

Der Zoohändler stellt **(c)** ______________________ ein neues Laufrad in den Käfig.

272 ●●○ Als die Boa ausbrach ...

So gut war ich.

Harald geht mit seinen Eltern in die Zoohandlung, um einen Wellensittich für seine Schwester zu kaufen. Dabei beobachtet er so einiges.
Setze die angegebenen Nomen in den Dativ und füge einen Artikel hinzu, wenn es sinnvoll ist.

a) Der Händler verkauft ______________________ (jemand) einen Zierfisch.

b) Er gibt ______________________ (Pfeilgiftfrosch) eine Fliege.

c) Außer Harald fällt ______________________ (niemand) auf, dass die Boa ausgebrochen ist.

d) Der Zoohändler bemerkt nichts und streut ______________________ (Mäuse) Sand ins Terrarium.

e) Harald sagt ______________________ (Zoohändler), dass die Boa ausgebrochen ist. Dieser fängt sie wieder ein.

Das war ein aufregender Tag für Harald.

271 (a) der Schlange; **(b)** den Welpen; **(c)** dem Goldhamster
272 a) jemandem; **b)** dem Pfeilgiftfrosch; **c)** niemandem; **d)** den Mäusen; **e)** dem Zoohändler

273 ●○○ Ein seltener Gast

So gut war ich. ☺ 😐 ☹

Das Genitivobjekt wird heute kaum noch genutzt. Es ist in der deutschen Sprache ein seltener Gast. Kreuze an, ob es sich bei dem unterstrichenen Objekt um ein Genitivobjekt handelt.

a) Hilf deinem Bruder bitte bei den Hausaufgaben!

ja ● nein ●

b) Bist du eigentlich des Wahnsinns?

ja ● nein ●

c) Tina ruft ihre kleine Schwester.

ja ● nein ●

d) Er freut sich seines Lebens.

ja ● nein ●

e) Sie rufen ihre Freunde an.

ja ● nein ●

274 ●●○ Vor vielen, vielen Jahren ...

So gut war ich. ☺ 😐 ☹

Da in unserer Alltagssprache kaum noch Genitivobjekte auftauchen, klingen sie ein bisschen altmodisch – genau wie die folgenden Sätze. Erfrage das Genitivobjekt.

a) Prinz Olaf gedenkt seiner Großmutter.

____

b) Fräulein Brunhilde freut sich ihres Lebens.

____

c) Konrad, der Schlossdiener, kommt des Weges daher.

____

275 ●○○ In den Bergen

So gut war ich.

Unterstreiche die Präposition, die zum markierten Objekt gehört.

a) Als Felix auf dem Gipfel stand, dachte er an seinen Großvater.

b) Dieser wurde seinerzeit zu einem berühmten Bergsteiger.

c) Er hoffte auf sein Glück.

d) Dann bestieg er den Berg als erster Mensch.

e) Felix erinnert sich gerne an seinen berühmten Verwandten.

f) Felix begnügt sich aber mit weniger Ruhm.

276 ●●○ Durcheinander gewürfelt

So gut war ich.

Ordne die Wörter so zu einem Satz, dass dabei ein präpositionales Objekt entsteht.

a) Auf Wetter sie besseres hoffen.

____

b) Wartet auf er den Bus.

____

c) Steht Fehlern ihren zu sie.

____

d) Etwas sie hält ihn auf.

____

e) Guten Nachrichten sie mit rechnet.

____

275 a) an; **b)** zu; **c)** auf; **d)** als; **e)** an; **f)** mit
276 a) Sie hoffen auf besseres Wetter. **b)** Er wartet auf den Bus. **c)** Sie steht zu ihren Fehlern. **d)** Sie hält etwas auf ihn. **e)** Sie rechnet mit guten Nachrichten.

277 ●●○ Tomatensalat

So gut war ich.

Ordne die unterstrichenen Objekte in die Tabelle ein.

Ben schneidet die Tomaten. Katrin stampft das Basilikum zu Brei. Sarah hofft auf eine gelungene Salatsoße. Vladimir hilft Ben. Dieter gedenkt der armen Zwiebeln, die für den Tomatensalat ihr Leben lassen müssen. Lara rührt alles um.

Akkusativobjekt	Dativobjekt	Genitivobjekt	Präpositionalobjekt

278 ●●● Die Grillparty

So gut war ich.

Familie Hansen feiert eine Grillparty.
Bilde den ersten Satz mit einem Akkusativobjekt, den zweiten mit einem Dativobjekt und den dritten Satz mit einem Präpositionalobjekt.

a) Familie Hansen, viele Freunde, einladen

____

b) Sie, allen, sagen, die Grillparty, am Abend, stattfinden

____

c) Karla, zur Grillkönigin wählen

____

277 Akkusativobjekt: die Tomaten, das Basilikum, ihr Leben, alles; **Dativobjekt:** Ben; **Genitivobjekt:** der armen Zwiebeln; **Präpositionalobjekt:** zu Brei, auf eine gelungene Salatsoße
278 a) Familie Hansen lädt **viele Freunde** ein. **b)** Sie sagen **allen**, dass die Grillparty am Abend stattfindet.
c) Karla wird **zur Grillkönigin** gewählt.

279 ●○○ Geht's auch ohne?

So gut war ich. ☺ 😐 ☹

Die adverbiale Bestimmung erkennt man im Satz daran, dass man sie weglassen kann, ohne dass der Satz seinen Sinn verliert. Kann man das unterstrichene Satzglied weglassen?

a) Lara singt sehr gerne Lieder.

ja ○ nein ○

b) Kerstin hofft auf besseres Wetter.

ja ○ nein ○

c) Henning hört laute Geräusche.

ja ○ nein ○

d) Doris schläft heute aus.

ja ○ nein ○

e) Kira spielt heute wegen des schlechten Wetters nicht draußen.

ja ○ nein ○

280 ●●○ Was ist hier überflüssig?

So gut war ich. ☺ 😐 ☹

Unterstreiche in jedem Satz das Satzglied, das für den Satzsinn nicht zwingend notwendig ist.

a) Bernd hat heute viele Hausaufgaben auf.

b) Gerda möchte in den Ferien nach Spanien.

c) Sina geht wegen des schlechten Wetters in die Sporthalle.

d) Pia freut sich sehr über den Besuch.

e) Annika erfährt auf dem Balkon von ihrem Glück.

f) Corinna singt unter der Dusche.

279 a) ja; **b)** nein; **c)** nein; **d)** ja; **e)** ja
280 a) heute; **b)** in den Ferien; **c)** wegen des schlechten Wetters; **d)** sehr; **e)** auf dem Balkon; **f)** unter der Dusche

281 ●○○ Wer weiß wo?

So gut war ich. ☺ 😐 ☹

Unterstreiche alle adverbialen Bestimmungen des Ortes (Ortsangaben).

Vor dem Haus steht ein alter Baum. Dort ist es im Sommer schön schattig. Wenn man sich unter den Baum legt, ist es kühl und man ist vor der Sonne geschützt. So kann man auch besonders heiße Tage draußen genießen und muss nicht im Haus bleiben.

282 ●○○ Frag mal wo!

So gut war ich. ☺ 😐 ☹

Erfrage das unterstrichene Satzglied.

a) Dort oben ist das Hotel auf dem Berg.

____

b) Du kommst hier so schnell nicht mehr weg.

____

c) Die Katze hat sich im Baum versteckt.

____

283 ●●○ Ab in den Urlaub!

So gut war ich. ☺ 😐 ☹

Setze die passenden adverbialen Bestimmungen des Ortes ein.

dort, in der Apotheke, nach Italien, im Reisebüro

Janina, ihr Bruder und ihre Eltern fahren dieses Jahr **(a)** ______________________.

(b) __________ ist es nicht nur heiß, es gibt auch einen sehr schönen Strand.

Bevor es losgehen kann, müssen einige Besorgungen gemacht werden. Der Vater kauft **(c)** ______________________ einige Medikamente. Die Mutter besorgt **(d)** ______________________ alle nötigen Unterlagen.

283 (a) nach Italien; **(b)** Dort; **(c)** in der Apotheke; **(d)** im Reisebüro

282 a) Wo ist das Hotel auf dem Berg? **b)** Wo kommst du so schnell nicht mehr weg? **c)** Wo hat sich die Katze versteckt?

281 Vor dem Haus steht ein alter Baum. Dort ist es im Sommer schön schattig. Wenn man sich unter den Baum legt, ist es kühl und man ist vor der Sonne geschützt. So kann man auch besonders heiße Tage draußen genießen und muss nicht im Haus bleiben.

284 ●●○ So ein Rummel!

So gut war ich.

Bilde mit den angegebenen adverbialen Bestimmungen des Ortes je einen Satz. Du kannst auch eine kleine Geschichte erzählen.

auf dem Rummel, vor der Würstchenbude, in der Geisterbahn, im Zelt, am Ausgang

____

____

____

____

____

____

____

____

285 ●●● Wo passiert was?

So gut war ich.

Ergänze bei jedem Satz eine adverbiale Bestimmung des Ortes. Lass deiner Fantasie freien Lauf.

a) Rudi fährt mit dem Fahrrad ______________________.

b) Kenneth wohnt in einem Haus ______________________.

c) Till lässt ______________________ seinen Drachen steigen.

d) Viola geht heute ______________________.

e) Susanne besucht ihre Tante ______________________.

f) Ich werde morgen ______________________ einen Computer kaufen.

285 So könnte deine Lösung aussehen:
a) Rudi fährt mit dem Fahrrad im Hof/auf der Straße/ …
b) Kenneth wohnt in einem Haus am See/im Wald …
c) Till lässt auf der Wiese/auf dem Berg … seinen Drachen steigen.
d) Viola geht heute in die Stadt/in den Supermarkt …
e) Susanne besucht ihre Tante auf dem Land/in England …
f) Ich werde morgen in der Stadt/in einem Fachgeschäft … einen Computer kaufen.

286 ●○○ Wer weiß wann?

So gut war ich. ☺ 😐 ☹

Unterstreiche alle adverbialen Bestimmungen der Zeit (Zeitangaben).

Jana geht donnerstags ins Schwimmbad. Dort trifft sie sich mit ihrer Freundin Pauline am frühen Nachmittag. Später gehen sie gemeinsam in die Eisdiele. Dort treffen sie dann Ricarda. Abends gehen alle wieder nach Hause.

287 ●○○ Frag mal wann!

So gut war ich. ☺ 😐 ☹

Erfrage das unterstrichene Satzglied.

a) Terry geht freitags nachmittags in die Musikschule zum Geigenunterricht.

____

b) John ist gerade in die Bibliothek gegangen.

____

c) Antje hat vor langer Zeit mit dem Fußballspielen begonnen.

____

288 ●●○ Ein heißer Sommer

So gut war ich. ☺ 😐 ☹

Setze die passenden adverbialen Bestimmungen der Zeit ein. (Tipp: Lies den Text einmal ganz durch, bevor du die Lücken ausfüllst.)

am späten Nachmittag, jetzt, nachher, morgen

(a) ____________ ist es am See viel zu heiß. Wir könnten doch einfach **(b)** ____________ wiederkommen. **(c)** ______________________________ ist es normalerweise etwas kühler. Falls es dann regnet, müssen wir unseren Ausflug eben auf **(d)** ____________ verschieben.

286 Jana geht donnerstags ins Schwimmbad. Dort trifft sie sich mit ihrer Freundin Pauline am frühen Nachmittag. Später gehen sie gemeinsam in die Eisdiele. Dort treffen sie dann Ricarda. Abends gehen alle wieder nach Hause.
287 a) Wann geht Terry in die Musikschule zum Geigenunterricht? **b)** Wann ist John in die Bibliothek gegangen?
c) Wann hat Antje mit dem Fußballspielen begonnen?
288 (a) jetzt; **(b)** nachher; **(c)** am späten Nachmittag; **(d)** morgen

289 ●●○ Wann passiert was?

So gut war ich. ☺ 😐 ☹

Ergänze die folgenden adverbialen Bestimmungen der Zeit.
(Tipp: Bei manchen Sätzen sind mehrere Lösungen richtig.)

nächste Woche, Mitternacht, heute, später, am Abend

Tanja geht mit ihrer Tante **(a)** ________________ spazieren. Ute hat für **(b)** ________________ ________________ alle Freunde eingeladen. Tara möchte die Hausaufgaben nicht jetzt, sondern **(c)** ________________ machen. Ole geht **(d)** ________________ mit Freunden zum Fußballspiel. Alfred kommt heute nicht vor **(e)** ________________.

290 ●●● Der Zieleinlauf

So gut war ich. ☺ 😐 ☹

Bilde mit den angegebenen adverbialen Bestimmungen der Zeit je einen Satz. Du kannst auch eine kleine Geschichte erzählen.

vor acht Jahren, heute, zuerst, später, am Ende

____

____

____

____

____

____

____

____

289 So könnte deine Lösung aussehen: **(a)** Tanja geht mit ihrer Tante heute spazieren. **(b)** Ute hat für nächste Woche alle Freunde eingeladen. **(c)** Tara möchte die Hausaufgaben nicht jetzt, sondern später machen. **(d)** Ole geht am Abend mit Freunden zum Fußballspiel. **(e)** Alfred kommt heute nicht vor Mitternacht.

290 So könnte deine Lösung aussehen: Charlotte hat vor acht Jahren mit Leichtathletik begonnen. Darum hat sie heute das Rennen auch gewonnen. Zuerst ist sie die Schnellste beim Start gewesen. Später wurde sie zwar überholt, aber da sie am Ende die bessere Kondition bewiesen hat, hat sie das Rennen doch noch gewonnen.

291 ●○○ Wer weiß warum?

So gut war ich. ☺ 😐 ☹

Unterstreiche alle adverbialen Bestimmungen des Grundes.

Wegen des Schulfests wollten wir eigentlich alle Aktivitäten nach draußen verlagern, aber es schüttete in Strömen und wegen des Regens musste nun alles im Schulhaus stattfinden. Aufgrund des guten Verhaltens aller wird es bald wieder ein Schulfest geben.

292 ●○○ Frag mal warum!

So gut war ich. ☺ 😐 ☹

Erfrage das unterstrichene Satzglied.

a) Vor Unachtsamkeit ist sie in ein Ameisennest getreten.

___

b) Wegen des Regens musste das Spiel abgesagt werden.

___

c) Aus Wut zertrümmerte sie eine Fensterscheibe.

___

293 ●●○ Doofe Party

So gut war ich. ☺ 😐 ☹

Setze die passenden adverbialen Bestimmungen des Grundes ein.

vor lauter Angst, wegen, aufgrund, aus Unachtsamkeit

Janinas letzter Geburtstag war **(a)** ___ vieler kleiner, blöder Missgeschicke eine Katastrophe. **(b)** ___ kippte Janinas kleiner Bruder den Nudelsalat um und der Hund zog **(c)** ___ an der Tischdecke. **(d)** ___ der Sauerei verließen alle Gäste die Feier.

291 Wegen des Schulfests … wegen des Regens … Aufgrund des guten Verhaltens aller …
292 a) Warum ist sie in ein Ameisennest getreten? **b)** Warum musste das Spiel abgesagt werden?
c) Warum zertrümmerte sie eine Fensterscheibe?
293 (a) aufgrund/wegen; **(b)** aus Unachtsamkeit; **(c)** vor lauter Angst; **(d)** wegen

294 ●●○ Der Dieb

So gut war ich. ☺ 😐 ☹

Bilde mit den angegebenen adverbialen Bestimmungen des Grundes je einen Satz. Du kannst auch eine kleine Geschichte erzählen.

vor Ungeduld, wegen der Verspätung, aufgrund der vielen Menschen, durch mutiges Eingreifen

____

____

____

____

____

____

____

295 ●●● Warum?

So gut war ich. ☺ 😐 ☹

Ergänze die adverbialen Bestimmungen des Grundes.

(a) Andy kann ______________________________ (Lärm) nicht schlafen.

(b) Jürgen kommt ______________________________ (zeitliche Gründe) nicht zur Party.

(c) Felix konnte ______________________________ (Bauchschmerzen) nichts essen.

(d) Erik sah ______________________________ (Dunkelheit) nur wenig.

(e) ______________________________ (hohe Wellen) schwankt das Schiff.

294 So könnte deine Lösung aussehen: Vor Ungeduld spielt Jan an der Bushaltestelle mit seiner Monatskarte, denn Jan hat Angst, dass er wegen der Verspätung des Busses seine Lieblingsserie verpassen könnte. Aufgrund der vielen Menschen an der Haltestelle bemerkt Jan nicht, dass ein Mann ihm den Geldbeutel stehlen will. Durch mutiges Eingreifen einer Frau, die den Täter stellt, hat Jan nun seinen Geldbeutel wieder.

295 (a) Andy kann wegen des Lärms nicht schlafen. **(b)** Jürgen kommt aus zeitlichen Gründen nicht zur Party. **(c)** Felix konnte wegen seiner/der Bauchschmerzen nichts essen. **(d)** Erik sah wegen der Dunkelheit nur wenig. **(e)** Wegen der hohen Wellen schwankt das Schiff.

296 ●○○ Wer weiß wie?

So gut war ich. ☺ 😐 ☹

Unterstreiche alle adverbialen Bestimmungen der Art und Weise.

Marcel macht seinen Küchendienst im Feriencamp sehr ordentlich. Miriam hingegen arbeitet sehr eilig. Wenn Birgit Küchendienst hat, arbeitet sie ohne erkennbares System. Auch unter großer Anstrengung kann dann niemand mehr etwas finden.

297 ●○○ Frag mal wie!

So gut war ich. ☺ 😐 ☹

Erfrage das unterstrichene Satzglied.

a) Katharina macht ihre Hausaufgaben <u>manchmal nicht ordentlich.</u>

____

b) Egon sieht sich <u>verliebt</u> im Spiegel an.

____

c) Mira versorgt ihre Streifenhörnchen <u>sehr gewissenhaft.</u>

____

298 ●●○ Der große Hausputz

So gut war ich. ☺ 😐 ☹

Setze die passenden adverbialen Bestimmungen der Art und Weise ein.
(Tipp: Lies den Text einmal ganz durch, bevor du die Lücken ausfüllst.)

besonders gründlich, nicht gerne, lieber, oberflächlich

Beim großen Hausputz wird alles **(a)** ______________________ geputzt.

Philipp putzt die Fenster aber nur **(b)** ______________________, denn alles, was lange dauert, macht Philipp **(c)** ______________________.

(d) ____________ erledigt er eine anstrengende Arbeit in kurzer Zeit.

296 sehr ordentlich; sehr eilig; ohne erkennbares System; unter großer Anstrengung

297 a) Wie macht Katharina ihre Hausaufgaben? **b)** Wie sieht sich Egon im Spiegel an? **c)** Wie versorgt Mira ihre Streifenhörnchen?

298 (a) besonders gründlich; **(b)** oberflächlich; **(c)** nicht gerne; **(d)** lieber

299 ●●○ In der Glasbläserei

So gut war ich. ☺ 😐 ☹

Bilde mit den angegebenen adverbialen Bestimmungen der Art und Weise je einen Satz. Du kannst auch eine kleine Geschichte erzählen.

schwitzend, schnell, ganz vorsichtig, behutsam, voller Bewunderung

____

____

____

____

____

____

____

300 ●●● Was passiert wie?

So gut war ich. ☺ 😐 ☹

Ergänze die passenden adverbialen Bestimmungen der Art und Weise. (Tipp: Bei manchen Sätzen sind mehrere Lösungen richtig.)

auswendig, gerne, schlecht, zuverlässig und zügig, regelmäßig

Marvin arbeitet (a) ______________________________ .

Christoph kennt seinen Schulweg (b) ______________________________ .

Heiko spielt (c) ______________________________ Fußball.

Nina reitet (d) ______________________________ .

Ulf spielt (e) ______________________________ Trompete.

299 So könnte deine Lösung aussehen: Der Glasbläser steht schwitzend vor dem Ofen. Schnell dreht er einen Stab, an dem flüssiges Glas klebt. Ganz vorsichtig bläst er in ein Rohr, sodass das flüssige Glas wie ein Ballon aufgeblasen wird. Behutsam zeigt er das fertige Stück den Zuschauern, die voller Bewunderung applaudieren.

300 So könnte deine Lösung aussehen: **(a)** Marvin arbeitet zuverlässig und zügig. **(b)** Christoph kennt seinen Schulweg auswendig. **(c)** Heiko spielt regelmäßig Fußball. **(d)** Nina reitet gerne. **(e)** Ulf spielt schlecht Trompete.

301 ●○○ Genauer geht's nicht

So gut war ich.

Was bestimmt das markierte Wort näher?

a) Unser fleißiger Hausmeister **Hans** hält die Schule immer sauber.

- hält
- unser fleißiger Hausmeister

b) **Das Fell** einer Perserkatze ist besonders flauschig.

- einer Perserkatze
- ist

c) **Der Junge** von nebenan ist besonders fies.

- von nebenan
- besonders fies

d) Sie hatte sich den **Namen** des Gemäldes gemerkt.

- gemerkt
- des Gemäldes

e) Kommt ihr aus dem schönen **Australien** ?

- schönen
- ihr

302 ●○○ Lillian und Gillian

So gut war ich.

Ergänze den Dialog mit den angegebenen Attributen.

unserer Nachbarn, riesigen, mit der Glocke, getigerte, guter

Lillian: Siehst du die Katze? Gillian: Welche Katze? Lillian: Das ist doch ganz klar! Die **(a)** ____________ Katze! Gillian: Klar, die am Baum meinst du doch, oder? Lillian: An welchem Baum? Gillian: Am Baum **(b)** ____________. Lillian: Nein, ich meine die Katze **(c)** ____________. Gillian: Ach, die auf der **(d)** ____________ Terrasse? Lillian: Ja genau, die Katze meine ich. Siehst du sie? Gillian: Ich kann sie trotz **(e)** ____________ Augen nicht sehen. Lillian: Gut, ich auch nicht.

301 a) unser fleißiger Hausmeister; **b)** einer Perserkatze; **c)** von nebenan; **d)** des Gemäldes; **e)** schönen

302 (a) getigerte; **(b)** unserer Nachbarn; **(c)** mit der Glocke; **(d)** riesigen; **(e)** guter

303 ●●○ Der Wissenschaftswettbewerb

So gut war ich.

Jährlich findet für alle Kinder der Region ein Wissenschaftswettbewerb statt. Ergänze die Lücken mit den passenden Attributen. (Tipp: Lies den Text einmal ganz durch, bevor du die Lücken ausfüllst.)

streng, aus Leipzig, batteriebetrieben, Wettbewerb,
interessiert, klein, intelligent, energiesparend

Ein Mädchen **(a)** ____________________ stellt der **(b)** ____________________ Jury einen **(c)** ____________________ Wasserkocher vor. Ein Junge aus dem **(d)** ____________________ Ort Mini überzeugt die **(e)** ____________________ Besucher der Veranstaltung mit einem **(f)** ____________________, ferngesteuerten Roboter. Die Gewinnerin **(g)** ____________________ aber ist ein 13-jähriges Mädchen, das eine **(h)** ____________________ Fernbedienung konstruiert hat.

304 ●●● Lieber noch mal nachfragen

So gut war ich.

Denke dir passende Attribute aus.

Johanna: Können wir morgen mit dem Bus ins Schwimmbad?
Klaus: Mit welchem Bus?
Johanna: Wir fahren mit dem Bus der städtischen Verkehrsbetriebe.

a) Johanna: Dann treffen wir uns morgen auf dem Fußballplatz.

Klaus: Auf welchem Fußballplatz?

Johanna: ____________________

b) Johanna: Ich bringe noch eine Freundin mit.

Klaus: Welche Freundin?

Johanna: ____________________

303 (a) aus Leipzig; **(b)** strengen; **(c)** energiesparenden; **(d)** kleinen; **(e)** interessierten; **(f)** batteriebetriebenen; **(g)** des Wettbewerbs; **(h)** intelligente

304 So könnte deine Lösung aussehen: **a)** Wir treffen uns auf dem Fußballplatz bei mir um die Ecke/in Dettingen/ …
b) Ich bringe meine beste / älteste / … Freundin mit.

305 ●●○ Auf dem Flohmarkt

So gut war ich. ☺ 😐 ☹

Ob es sich um ein Attribut oder um eine adverbiale Bestimmung handelt, erfährst du durch die Umstellprobe. Weil das Attribut kein eigenes Satzglied, sondern nur ein Teil eines Satzglieds ist, lässt es sich nicht allein verschieben, sondern bewegt sich nur mit dem anderen Teil des Satzglieds.
Stelle jeden Satz um und entscheide, ob das Unterstrichene ein Attribut oder eine adverbiale Bestimmung ist.

a) Der Stand von Stefanie befindet sich am Eingang.

adverbiale Bestimmung ● Attribut ●

b) Paul verkauft alte Comic-Hefte.

adverbiale Bestimmung ● Attribut ●

c) Cassandra kann in dem Getümmel ihre Mutter leider nicht finden.

adverbiale Bestimmung ● Attribut ●

306 ●●○ Wenn man es genau wissen will …

So gut war ich. ☺ 😐 ☹

Unterstreiche die Attribute.

Carsten fährt ein schnelles Auto. Frederik leistet gute Arbeit. Heike hat einen neuen Freund. Linda sucht den Stein der Weisen. Ömer führt den Hund der Nachbarn auf der Wiese spazieren. Jenny lässt die gekaufte Milch im Supermarkt liegen. Anja, meine beste Freundin, kommt zu Besuch. Eike hat einen fiesen Hund. Eike ist aber selbst auch ein fieser Typ. Ulla kann bellen wie ein richtiger Hund. Die Freundin von Ulla muss immer darüber lachen.

305 So könnte deine Lösung aussehen: **a)** Am Eingang befindet sich der Stand von Stefanie. (Attribut) **b)** Alte Comic-Hefte verkauft Paul. (Attribut) **c)** Leider kann Cassandra ihre Mutter in dem Getümmel nicht finden. (adverbiale Bestimmung)

306 Carsten fährt ein schnelles Auto. Frederik leistet gute Arbeit. Heike hat einen neuen Freund. Linda sucht den Stein der Weisen. Ömer führt den Hund der Nachbarn auf der Wiese spazieren. Jenny lässt die gekaufte Milch im Supermarkt liegen. Anja, meine beste Freundin, kommt zu Besuch. Eike hat einen fiesen Hund. Eike ist aber selbst auch ein fieser Typ. Ulla kann bellen wie ein richtiger Hund. Die Freundin von Ulla muss immer darüber lachen.

307 ●●○ Attribut oder adverbiale Bestimmung?

So gut war ich. ☺ 😐 ☹

Entscheide, ob es sich um ein Attribut oder um eine adverbiale Bestimmung handelt.

a) Das Haus dort ist sehr hoch.

adverbiale Bestimmung ● Attribut ●

b) Das Haus ist dort sehr hoch.

adverbiale Bestimmung ● Attribut ●

c) Du kannst dir den Garten dort anschauen!

adverbiale Bestimmung ● Attribut ●

d) Du kannst dir dort den Garten anschauen.

adverbiale Bestimmung ● Attribut ●

e) Hier gibt sie ihm das Buch.

adverbiale Bestimmung ● Attribut ●

f) Sie gibt ihm das Buch hier.

adverbiale Bestimmung ● Attribut ●

308 ●●○ Auf dem Campingplatz

So gut war ich. ☺ 😐 ☹

Unterstreiche alle Attribute.

Auf dem Campingplatz liegt der Hund unserer Zeltnachbarn den ganzen Tag in der prallen Sonne. Der Hund ist so faul, dass der Platzwart den Hund einmal für tot hielt. Der Platzwart sagte an der Rezeption des Campingplatzes Bescheid, damit man die Besitzer des Hundes benachrichtigen konnte. Als alle bestürzt zu dem angeblich toten Tier rannten, war Fiffi schon wieder unterwegs.

307 a) Attribut; **b)** adverbiale Bestimmung; **c)** Attribut; **d)** adverbiale Bestimmung; **e)** adverbiale Bestimmung; **f)** Attribut

308 Auf dem Campingplatz liegt der Hund unserer Zeltnachbarn den ganzen Tag in der prallen Sonne. Der Hund ist so faul, dass der Platzwart den Hund einmal für tot hielt. Der Platzwart sagte an der Rezeption des Campingplatzes Bescheid, damit man die Besitzer des Hundes benachrichtigen konnte. Als alle bestürzt zu dem angeblich toten Tier rannten, war Fiffi schon wieder unterwegs.

309 ●●○ Wer baut den schönsten Schneemann?

So gut war ich. ☺ 😐 ☹

Im Januar findet in Winzingen der Wettbewerb „Wer baut den schönsten Schneemann?" statt. Verwende die folgenden Attribute und schreibe einen kleinen Bericht über den diesjährigen Wettbewerb.

des Bürgermeisters, riesiger, mit Hut und Möhre, des Siegers, schönen glänzenden Augen

310 ●●● Die Siegerehrung

So gut war ich. ☺ 😐 ☹

Schreibe die Sätze ab und ergänze bei den unterstrichenen Nomen ein Attribut.

a) Den ersten Platz belegte <u>Pauls Schneemann</u>.

b) Auf dem zweiten Platz landete eine <u>Schneefrau</u>.

c) <u>Jasmin</u> ist die Erbauerin des Drittplatzierten.

309 So könnte deine Lösung aussehen: Den Beginn der diesjährigen Beurteilung machte wie immer der Schneemann des Bürgermeisters. Danach wurde ein riesiger Schneemann von der Jury bestaunt. Auf einem der oberen Plätze landete ein kleiner Schneemann mit Hut und Möhre. Der Schneemann des Siegers aber gewann wegen der schönen glänzenden Augen.

310 So könnte deine Lösung aussehen: **a)** Pauls Schneemann mit den großen braunen Augen; **b)** eine fröhlich blickende Schneefrau; **c)** Die kleine Jasmin …

311 ●○○ Eine schöne Ordnung

So gut war ich. ☺ 😐 ☹

Schreib auf, wie die Wörter richtig heißen.

a) Kaffeebuch und Tagebecher,

b) Wellenlust und Reisebrecher,

c) Haarstück und Theaterkamm,

d) Osteruhr und Kuckuckslamm.

e) Regenschein und Sonnenguss,

f) Haselhund und Blindennuss,

g) Schlüsseltee und Früchteloch

gibt es nicht und gibt es doch.

312 ●○○ Was darf es denn sein?

So gut war ich. ☺ 😐 ☹

Unterstreiche alle Zusammensetzungen (Komposita).

Katrin: „Guten Tag, ich hätte gerne eine Kronenplatte."

Frau Krämer: „Eine Kronenplatte habe ich heute nicht im Angebot. Wie wäre es denn mit einer Hühnerform?"

Katrin: „Nein, ich probiere es heute mit einem Zipfelhupf."

311 a) Kaffeebecher, Tagebuch; **b)** Wellenbrecher, Reiselust; **c)** Haarkamm, Theaterstück; **d)** Osterlamm, Kuckucksuhr; **e)** Regenguss, Sonnenschein; **f)** Haselnuss, Blindenhund; **g)** Schlüsselloch, Früchtetee

312 Katrin: „Guten Tag, ich hätte gerne eine Kronenplatte." Frau Krämer: „Eine Kronenplatte habe ich heute nicht im Angebot. Wie wäre es denn mit einer Hühnerform?" Katrin: „Nein, ich probiere es heute mit einem Zipfelhupf."

313 ●○○ Was darf es denn diesmal sein?

So gut war ich. ☺ 😐 ☹

Kombiniere die folgenden Fantasiewörter so, dass Zusammensetzungen entstehen. Lass deiner Fantasie freien Lauf.

Tiba, Hube, Jube, Tute, Hala, Faba, Uten, Putt, Hada, Patt

Katrin: „Guten Tag, ich hätte gerne eine **(a)** ________________."

Frau Krämer: „Eine **(b)** ________________ habe ich heute nicht im Angebot.

Wie wäre es denn mit einer **(c)** ________________?"

Katrin: „Nein, ich probiere es heute mit einem **(d)** ________________."

Frau Krämer: „Der **(e)** ________________ ist eine gute Wahl. Ich könnte aber auch das **(f)** ________________ empfehlen." Katrin: „Ich habe meine Meinung geändert. Ich nehme heute doch weder das **(g)** ________________ noch das **(h)** ________________, sondern das **(i)** ________________."

314 ●●○ Was gehört zusammen?

So gut war ich. ☺ 😐 ☹

Hier sind alle Zusammensetzungen auseinandergefallen. Verbinde sie wieder. Alle vorgegebenen Wörter sind kleingeschrieben. Achte beim Zusammensetzen auf die Groß- und Kleinschreibung.

maus, schreib, stunde, trage, beutel, pferde, hals, tasche, bärchen, rad, computer, gummi, riesen, klavier, tisch, tee, schmerzen, koppel

____

____

____

____

____

313 So könnte deine Lösung aussehen: **(a)** Tibahube; **(b)** Tibahube; **(c)** Jubetute; **(d)** Halafaber; **(e)** Halafaber; **(f)** Utenputt; **(g)** Halafaber; **(h)** Utenputt; **(i)** Hadapatt

314 Computermaus, Schreibtisch, Klavierstunde, Riesenrad, Gummibärchen, Tragetasche, Halsschmerzen, Teebeutel, Pferdekoppel

315 ●●● Zerfetze die Wörter!

So gut war ich.

Jedes der Wörter besteht aus zwei Bestandteilen. Bestimme die Wortart jedes Bestandteils und trage dann das Wort in die Tabelle ein.

aufhalten, vogelfrei, Laufschuhe, Schafsweide, Mitschüler, Kleintier, schneckenlangsam, mitnehmen, Aufbau, Klassenbuch, Gehhilfe, Schönschrift

Nomen und Nomen	Nomen und Adjektiv	Adjektiv und Nomen	Verb und Nomen	Präposition und Nomen	Präposition und Verb

316 ●●● Klebe die Wörter!

So gut war ich.

Bilde aus den vorgegebenen Wortfetzen neue Komposita und ordne sie in die Tabelle ein. Alle vorgegebenen Wörter sind kleingeschrieben. Achte beim Zusammensetzen auf die Groß- und Kleinschreibung.

bücher, weiß, an, regal, held, schrei, holen, schnee, hals, auf, pfiff, super

Nomen und Nomen	Nomen und Adjektiv	Adjektiv und Nomen	Verb und Nomen	Präposition und Nomen	Präposition und Verb

315 Nomen und Nomen: Schafsweide, Klassenbuch; **Nomen und Adjektiv:** vogelfrei, schneckenlangsam; **Adjektiv und Nomen:** Schönschrift, Kleintier; **Verb und Nomen:** Laufschuhe, Gehhilfe; **Präposition und Nomen:** Aufbau, Mitschüler; **Präposition und Verb:** aufhalten, mitnehmen

316 Nomen und Nomen: Bücherregal; **Nomen und Adjektiv:** schneeweiß; **Adjektiv und Nomen:** Superheld; **Verb und Nomen:** Schreihals; **Präposition und Nomen:** Anpfiff; **Präposition und Verb:** aufholen

317 ●●○ Aus eins mach zwei!

So gut war ich.

Denke dir vier zusammengesetzte Wörter aus, die das Wort am Anfang der Zeile enthalten.

a) Auto: ______________________________

____

b) Haus: ______________________________

____

c) Tier: ______________________________

____

d) Schule ______________________________

____

e) Fahrrad: ______________________________

____

318 ●●○ Viele Möglichkeiten

So gut war ich.

Kombiniere die angegebenen Wörter mit *Baum, Auto, Zug* und *Kerze*. Trage sie in die Tabelle ein.

Krone, Schein, Bahn, Wachs, Führer, Werkstatt, Fahrkarte

Baum	Auto	Zug	Kerze
Baumhaus			

317 So könnte deine Lösung aussehen: **a)** Autohaus, Autotür, Autoführerschein, Spielzeugauto; **b)** Hausbau, Haustür, Krankenhaus, Schulhaus; **c)** Tiergarten, Tierfutter, Kleintier, Tierpension; **d)** Grundschule, Realschule, Schulfest, Schulaufgabe; **e)** Fahrradlampe, Fahrradgeschäft, Fahrradtour, Damenfahrrad

318 Baum: Baumkrone; **Auto:** Autobahn, Autowerkstatt; **Zug:** Zugfahrkarte, Zugführer; **Kerze:** Kerzenwachs, Kerzenschein

319 ●○○ Das Grundwort

So gut war ich. ☺ 😐 ☹

Zusammensetzungen bestehen oft aus einem Grundwort und einem Bestimmungswort. Das Grundwort sagt aus, was etwas ist (z. B. Ein Jagdhund ist ein Hund.). Das Bestimmungswort bezeichnet das Grundwort genauer (z. B. Ein Jagdhund ist ein Hund für die Jagd.). Entscheide, ob der markierte Wortteil das Grundwort ist.

a) Kaufhausdetektiv

○ ja ○ nein

b) Schreibtisch

○ ja ○ nein

c) Eingangstür

○ ja ○ nein

d) Hintereingang

○ ja ○ nein

e) Schutzimpfung

○ ja ○ nein

f) Impfschutz

○ ja ○ nein

g) Feueralarm

○ ja ○ nein

320 ●○○ Das Bestimmungswort

So gut war ich. ☺ 😐 ☹

Unterstreiche alle Bestimmungswörter.

Schulhof, Garagentür, Holzklotz, Federtasche, Kuchengabel, Turnschuhe, Partygast,

himmelblau, Treppengeländer, Sicherheitsnadel, Kochtopf, Lampenschein

319 a) nein; **b)** ja; **c)** nein; **d)** nein; **e)** nein; **f)** nein; **g)** ja

320 Schulhof, Garagentür, Holzklotz, Federtasche, Kuchengabel, Turnschuhe, Partygast, himmelblau, Treppengeländer, Sicherheitsnadel, Kochtopf, Lampenschein

321 ●●○ Grundwörter und Bestimmungswörter

So gut war ich. ☺ 😐 ☹

Zerlege die Wörter in ihre Grundwörter und Bestimmungswörter und ordne diese in die Tabelle ein.

Speiseeis, Sommerferien, Hausaufgaben, Reiterhof, Computermaus, Taschentuch, Zierfisch

Grundwörter	Bestimmungswörter

322 ●●● Wörter basteln

So gut war ich. ☺ 😐 ☹

Stelle die folgenden Wortfetzen so zusammen, dass sich sinnvolle Kombinationen ergeben und trage sie unter „Komposita" ein. Finde dann heraus, welches das Grundwort und welches das Bestimmungswort ist.

Schrank, Pilz, Kleider, Schuh, Hand, Stift, Fliegen, Blei

Grundwörter	Bestimmungswörter	Komposita

321 Grundwörter: Eis, Ferien, Aufgaben, Hof, Maus, Tuch, Fisch;
Bestimmungswörter: Speise, Sommer, Haus, Reiter, Computer, Taschen, Zier

322 Kleiderschrank: Kleider (Bestimmungswort), Schrank (Grundwort);
Fliegenpilz: Fliegen (B), Pilz (G); **Handschuh:** Hand (B), Schuh (G); **Bleistift:** Blei (B), Stift (G)

323 Welche Aussage trifft es am besten?

So gut war ich.

Kreuze an, welche Aussage über das Wort am meisten zutrifft.

a) Honigbiene

- Eine Honigbiene ist ein Tier.
- Eine Honigbiene ist eine Biene.
- Eine Honigbiene ist eine Biene, die Honig produziert.
- Eine Honigbiene schmeckt gut.

b) Wildschwein

- Ein Wildschwein ist schmutzig.
- Ein Wildschwein ist wild.
- Ein Wildschwein ist ein Schwein, das wild lebt.

c) Suppenschüssel

- Eine Suppenschüssel zerbricht immer, wenn sie fällt.
- Eine Suppenschüssel ist eine Schüssel für Suppe.
- Eine Suppenschüssel ist eine Schüssel.

324 Was ist eigentlich ein X?

So gut war ich.

Erkläre die folgenden Wörter möglichst genau.

a) Die Herbstferien sind ____________________

____

b) Der Zuckerguss ist ____________________

____

323 a) Eine Honigbiene ist eine Biene, die Honig produziert. **b)** Ein Wildschwein ist ein Schwein, das wild lebt. **c)** Eine Suppenschüssel ist eine Schüssel für Suppe.

324 a) Die Herbstferien sind Ferien, die in die Jahreszeit Herbst fallen. **b)** Der Zuckerguss ist ein Guss, der aus Zucker besteht.

325 ●●○ Mehr davon!

So gut war ich. ☺ 😐 ☹

Man kann aus einem Grundwort mithilfe verschiedener Bestimmungswörter viele neue Wörter bilden. Lass dir zu jedem Grundwort drei Zusammensetzungen einfallen.

a) Kanne: ______________________________

b) Blume: ______________________________

c) Tier: ______________________________

d) Karte: ______________________________

e) Rad: ______________________________

f) Straße: ______________________________

g) Fisch: ______________________________

h) Fest: ______________________________

i) Schuhe: ______________________________

326 ●●● Die Schlange, die Wörter frisst

So gut war ich. ☺ 😐 ☹

Ein Grundwort kann in einer anderen Zusammensetzung ein Bestimmungswort werden und ein Bestimmungswort kann in einer anderen Zusammensetzung ein Grundwort werden. Führe die Wortschlange fort.

Schüttelfrost, Frostschutz, ______________________________

____

____

____

____

325 So könnte deine Lösung aussehen: **a)** Kaffeekanne, Teekanne, Gießkanne; **b)** Schlüsselblume, Sonnenblume, Glockenblume; **c)** Raubtier, Säugetier, Weichtier; **d)** Spielkarte, Eintrittskarte, Fahrkarte; **e)** Wagenrad, Fahrrad, Drehrad; **f** Einbahnstraße, Hauptstraße, Landstraße; **g)** Zierfisch, Raubfisch, Speisefisch; **h)** Weihnachtsfest, Passahfest, Osterfest; **i)** Wanderschuhe, Turnschuhe, Stöckelschuhe

326 So könnte deine Lösung aussehen: Schutzschild, Schildbürger, Bürgeramt, Amtsschimmel, Schimmelreiter, Reiterferien, Ferienreise, Reisebus, Busfahrt, Fahrtziel, Zielstraße, Straßenname, Namensgebung, …

327 ●○○ Die Traummaschine

So gut war ich. ☺ 😐 ☹

Neue Wörter können gebildet werden, indem man ein Wort mit einer Vorsilbe (Präfix) oder einer Nachsilbe (Suffix) versieht. Der Wortstamm bleibt erhalten. Unterstreiche den Wortstamm der markierten Wörter.

Oft denkt Martina vor dem **(a)** Einschlafen, wie schön es doch wäre, wenn man eine Traummaschine hätte. Man müsste sie nur programmieren und dann würde sie nachts das zeigen, was man sich schon immer **(b)** erträumt hat. Nach dem **(c)** Aufwachen müsste man die Maschine einfach wieder **(d)** abstellen und man könnte fröhlich **(e)** aufstehen. Dann aber **(f)** überdenkt Martina die Sache noch einmal und kommt zu der **(g)** Einsicht, dass es sehr langweilig wäre, wenn man schon wüsste, was man gleich träumt.

328 ●○○ Kinokassenschlager

So gut war ich. ☺ 😐 ☹

Unterstreiche alle Wörter mit Präfix oder Suffix und ordne sie dann in die Tabelle ein.

Filme, in denen sich Menschen verlieben, oder solche, in denen die Welt von einem Superhelden gerettet wird, aber auch solche, bei denen manche Szenen vor lauter Blut ganz eklig sind, locken die Menschen in die Kinos. Manche mögen Filme, die man nur schwer versteht, andere mögen es gruselig. Es gibt auch Menschen, die sich am liebsten Tierfilme ansehen. Lustig ist es auch, einen Animationsfilm zu sehen.

Wörter mit Präfix	Wörter mit Suffix

327 (a) schlaf; **(b)** träum; **(c)** wach; **(d)** stell; **(e)** steh; **(f)** denk; **(g)** sicht

328 Wörter mit Präfix: verlieben, gerettet, versteht, ansehen; **Wörter mit Suffix:** eklig, gruselig, lustig

329 ●●○ Da fliegen die Wortfetzen!

So gut war ich. ☺ 😐 ☹

Ordne die Präfixe und Suffixe den Wortstämmen so zu, dass sinnvolle Wörter entstehen.

vor, mit, an, Fröhlich, Gefäng, Vor, Sicher, un, Freund, freund, wunder, glaub, Ehrlich, ver, an

ständig, möglich, bar, trauen, nis, heit, nehmen, schaft, teilen, pöbeln, haft, keit, lich, bild, keit

____

____

____

____

____

330 ●●○ Simsalabim

So gut war ich. ☺ 😐 ☹

Was man aus einem Wort alles zaubern kann ... Bilde zu den angegebenen Wörtern jeweils zwei Ableitungen.

a) traurig: ______________________________

b) kochen: ______________________________

c) schreiben: ______________________________

d) achten: ______________________________

e) lernen: ______________________________

f) sprechen: ______________________________

g) Wandel: ______________________________

h) Ekel: ______________________________

329 vornehmen, mitteilen, anständig, Fröhlichkeit, Gefängnis, Vorbild, Sicherheit, unmöglich, Freundschaft, freundlich, wunderbar, glaubhaft, Ehrlichkeit, vertrauen, anpöbeln

330 So könnte deine Lösung aussehen: **a)** Traurigkeit, betrauern; **b)** abkochen, verkochen; **c)** abschreiben, aufschreiben; **d)** beachten, verachten; **e)** erlernen, verlernen; **f)** versprechen, besprechen; **g)** verwandeln, wandelbar; **h)** ekeln, eklig

331 ●○○ Verb + X

So gut war ich. ☺ 😐 ☹

Bilde mit dem Stamm des vorgegebenen Verbs und einem Suffix ein Nomen.

freuen	Freude	glauben	______
schreiben	______	drucken	______
verkaufen	______	backen	______
lesen	______	sehen	______
kaufen	______	träumen	______
achten	______	lichten	______
sichten	______	färben	______
anstrengen	______	halten	______

332 ●○○ Adjektiv + X

So gut war ich. ☺ 😐 ☹

Bilde mit dem Stamm des vorgegebenen Adjektivs und einem Suffix ein Nomen.

schön	Schönheit	fröhlich	______
klug	______	trocken	______
heiser	______	sauber	______
hell	______	dunkel	______
krank	______	traurig	______
dumm	______	schnell	______
langsam	______	heiter	______
bissig	______	feige	______

331 So könnte deine Lösung aussehen: Freude, Glaube, Schreiber, Drucker, Verkäufer, Bäcker, Leser, Seher, Käufer, Träumer, Achtung, Lichtung, Sichtung, Färbung, Anstrengung, Haltung
332 Schönheit, Fröhlichkeit, Klugheit, Trockenheit, Heiserkeit, Sauberkeit, Helligkeit, Dunkelheit, Krankheit, Traurigkeit, Dummheit, Schnelligkeit, Langsamkeit, Heiterkeit, Bissigkeit, Feigheit

333 ●○○ X + Suffix = Adjektiv

So gut war ich.

Forme den Wortstamm mit einem Suffix zum Adjektiv um.
Dir stehen folgende Suffixe zur Verfügung: *-ig, -bar, -lich, -isch*
(Tipp: Bei dem Verb *sehen* verändert sich der Wortstamm!)

Sonne	sonnig	Wind	______
Wasser	______	verändern	______
essen	______	Feuer	______
bewohnen	______	ausleihen	______
auffinden	______	reich	______
sehen	______	Hektik	______
Spiel	______	Fleiß	______
fahren	______	machen	______

334 ●●○ Leon fragt

So gut war ich.

Ergänze die Lücken, indem du das unterstrichene Wort zu einem Adjektiv machst.

a) Leon: Kann ich die Äpfel <u>essen</u>?

Monika: Ja, die Äpfel sind nämlich ______.

b) Leon: Kann ich bei dem <u>Sturm</u> nach draußen?

Monika: Ja, aber pass auf! Es ist sehr ______.

c) Leon: Und es hat heute Nacht <u>Frost</u> gegeben.

Monika: Dann wird es sicherlich auch noch ______ sein.

d) Leon: Geh ich dir eigentlich gerade auf die <u>Nerven</u>?

Monika: Ja, du machst mich gerade ganz ______.

e) Leon: Du siehst ja aus wie ein <u>Gespenst</u>. Das ist ______.

333 So könnte deine Lösung aussehen: sonnig, windig, wässrig, veränderbar, essbar, feurig, bewohnbar, ausleihbar, auffindbar, reichlich, sichtbar, hektisch, spielerisch, fleißig, fahrbar, machbar

334 a) essbar; **b)** stürmisch; **c)** frostig; **d)** nervös; **e)** gespenstig/gespenstisch

335 ●○○ Die Verwandten kommen!

So gut war ich. ☺ 😐 ☹

Ordne die Wörter ihren Familien zu.

Dauerlauf, Schrift, lächeln, totlachen, Vorsicht, Aufsehen, anlaufen, beschreiben, umschreiben, Kreislauf, Schönschrift, Lachsack, auslachen, fernsehen, Umsicht, verlaufen

Familie: lachen	Familie: schreiben	Familie: sehen	Familie: laufen

336 ●●○ Verwandtschaft gesucht!

So gut war ich. ☺ 😐 ☹

Finde zu den angegebenen Familien nun selbst jeweils drei Verwandte.

Familie: singen	Familie: Zeit	Familie: Leben	Familie: warten

335 lachen: lächeln, totlachen, Lachsack, auslachen; **schreiben:** Schrift, beschreiben, umschreiben, Schönschrift; **sehen:** Vorsicht, Aufsehen, fernsehen, Umsicht; **laufen:** Dauerlauf, anlaufen, Kreislauf, verlaufen

336 So könnte deine Lösung aussehen: **singen:** Gesang, Singvogel, Gesangverein; **Zeit:** zeitig, Zeitverschiebung, Zeitmessung; **Leben:** lebenslustig, lebensmüde, erleben; **warten:** Erwartung, Wartestellung, abwarten

337 ●●○ Mach was Anderes daraus!

So gut war ich.

Bilde ein verwandtes Wort, das zu der Wortart gehört, die in Klammern steht.

a) stehlen: Diebstahl (Nomen)

b) Regen: ______________________ (Adjektiv)

c) faul: ______________________ (Verb)

d) Kunst: ______________________ (Adjektiv)

e) Getränk: ______________________ (Verb)

f) schwimmen: ______________________ (Nomen)

g) richtig: ______________________ (Verb)

h) klammern: ______________________ (Nomen)

i) Nässe: ______________________ (Adjektiv)

338 ●●○ Im Schreibwarenladen

So gut war ich.

Setze die Geschichte fort und bringe möglichst viele Verwandte des Wortes *schreiben* unter.

Grit hat zum Schulanfang einen neuen Schreibtisch bekommen und geht nun mit ihrer Mutter in den Schreibwarenladen, um eine Schreibunterlage zu besorgen.

____

____

____

____

____

____

337 So könnte deine Lösung aussehen: **a)** Diebstahl; **b)** regnerisch; **c)** faulenzen; **d)** künstlich/künstlerisch; **e)** trinken; **f)** Schwimmer/Schwimmbad; **g)** berichtigen/richtigstellen; **h)** Klammer; **i)** nass

338 So könnte deine Lösung aussehen: Grit, die noch nie in einem **Schreibwarenladen** war, macht große Augen. Da gibt es Bleistifte und Radiergummis, um **Geschriebenes** auszuradieren, wenn man sich **verschrieben** hat. Es gibt **Schreibstifte** aller Art und besondere Federn für **Schönschrift**.

339 ●○○ Richtig oder falsch?

So gut war ich.

a) Laufen ist so ähnlich wie aufräumen.

richtig ● falsch ●

b) Trinken ist so ähnlich wie saufen.

richtig ● falsch ●

c) Brutzeln ist so ähnlich wie braten.

richtig ● falsch ●

d) Schlagen ist so ähnlich wie prügeln.

richtig ● falsch ●

e) Fliegen ist so ähnlich wie lernen.

richtig ● falsch ●

f) Hexen ist so ähnlich wie zaubern.

richtig ● falsch ●

340 ●○○ Wer gehört zu wem?

So gut war ich.

Zu einem Wortfeld gehören Wörter, die zwar nicht den gleichen Wortstamm haben, sich aber ähnlich sind. Finde die Wörter, die zusammenpassen.

Schale, schlafen, Hund, Fluss, Köter, Schüssel, Haus, Leuchte, Anorak, Strom, Hütte, Jacke, pennen, Lampe

339 a) falsch; **b)** richtig; **c)** richtig; **d)** richtig; **e)** falsch; **f)** richtig
340 Schale – Schüssel; schlafen – pennen; Hund – Köter; Fluss – Strom; Haus – Hütte; Leuchte – Lampe; Anorak – Jacke

341 ●●○ Sprachlos

So gut war ich.

Laura fallen nicht immer die richtigen Wörter ein, wenn sie sich mit ihrer Freundin unterhält. Hilf Laura bei ihrer Wortsuche. Für folgende Wörter sucht sie jeweils ein Wort, das eine ähnliche Bedeutung hat.

Forst, Buch, Auto, Fernseher, Haustür, Zug, Feld, Füller, Telefon, Schuhe, Pferd, Hut, Fahrrad, Toilette, Brief, Fahrt, Welt, Obst, Computer, Wettkampf, Rasen, Haus

342 ●●○ Wie könnte man es noch benennen?

So gut war ich.

Finde zu den angegebenen Wortfeldern nun selbst jeweils fünf Wörter.

Geld	Mensch	laufen	denken

341 So könnte deine Lösung aussehen: Wald, Schmöker, Karre, Glotze, Eingang, Eisenbahn, Acker, Stift, Handy, Treter, Ross, Mütze, Mountainbike, Klo, Sendung, Reise, Erde, Frucht, Rechner, Wettbewerb, Wiese, Gebäude

342 So könnte deine Lösung aussehen: **Geld:** Kohle, Knete, Zahlungsmittel, Zaster, Pinke;
Mensch: Mann, Frau, Kind, Typ, Kerl; **laufen:** rennen, joggen, gehen, spazieren, schlendern;
denken: grübeln, nachsinnen, überlegen, nachdenken, meinen

So gut war ich.

343 ●●○ Lass das, ich hass das!

Tom, Merle, Tina, Verena und Katja unterhalten sich über Dinge, die sie an ihren jüngeren Geschwistern nicht mögen.
Schreibe auf, was die fünf an ihren Geschwistern nicht mögen. Verwende dabei so viele unterschiedliche Begriffe für *nicht mögen*, wie dir einfallen.

Tom mag es nicht, wenn sein Bruder an seine Sachen geht.

So gut war ich.

344 ●●○ Erklär mir den Unterschied!

Fynns kleine Schwester Hanne hört im Kindergarten neue Wörter für ein und denselben Gegenstand. Sie fragt Fynn nach den Unterschieden. Antworte für Fynn.

Hanne: Was ist der Unterschied zwischen *Haus* und *Hütte*?
Fynn: Eine Hütte ist ein kleines Haus aus Holz.

a) Hanne: Was ist der Unterschied zwischen *gehen* und *schlendern*?

b) Hanne: Was ist der Unterschied zwischen *Laptop* und *Computer*?

343 So könnte deine Lösung aussehen: Merle kann es **nicht leiden**, wenn ihr Bruder in ihrem Zimmer herumtobt. Tina **hasst** es, wenn ihre kleine Schwester sie verpetzt. Katja **nervt** es, wenn ihr Bruder sie vor ihren Freunden blamiert. Verena **verabscheut** es, wenn ihre Schwester an ihr CD-Regal geht.
344 So könnte deine Lösung aussehen: **a)** Schlendern ist langsamer als gehen.
b) Ein Laptop ist ein tragbarer Computer.

345 ●●● Von klein nach groß

So gut war ich.

Bringe die Wörter eines Wortfeldes in eine bestimmte Reihenfolge (z. B. von klein nach groß).

a) Straße, Autobahn, Weg

b) lachen, schmunzeln, lächeln

c) tuckern, rasen, fahren

d) gucken, glotzen, blicken

e) Strom, Fluss, Bach

f) Karre, Limousine, Auto

346 ●●● Erzähl mal was vom Pferd!

So gut war ich.

Denke dir möglichst viele Wörter für *Pferd* aus.

345 a) Weg, Straße, Autobahn (Größe); **b)** schmunzeln, lächeln, lachen (Stärke); **c)** tuckern, fahren, rasen (Schnelligkeit); **d)** glotzen, gucken, blicken (Wertigkeit); **e)** Bach, Fluss, Strom (Größe); **f)** Karre, Auto, Limousine (Wertigkeit)

346 So könnte deine Lösung aussehen: Pony, Schimmel, Gaul, Mähre, Klepper, Pferd, Ross, Rappen, Fohlen, …

347 ●○○ Welcher Deckel passt aufs Töpfchen?

So gut war ich.

Entscheide, ob die Aussagen richtig oder falsch sind.

a) Laufen und gehen können dem Oberbegriff bewegen zugeordnet werden.

richtig ○ falsch ○

b) Pauken und büffeln können dem Oberbegriff lernen zugeordnet werden.

richtig ○ falsch ○

c) Bus und Kuchen können dem Oberbegriff Nahrungsmittel zugeordnet werden.

richtig ○ falsch ○

d) sehen und rufen können dem Oberbegriff wahrnehmen zugeordnet werden.

richtig ○ falsch ○

e) sehen und riechen können dem Oberbegriff wahrnehmen zugeordnet werden.

richtig ○ falsch ○

f) schmecken und fühlen können dem Oberbegriff wahrnehmen zugeordnet werden.

richtig ○ falsch ○

348 ●○○ In der Küche

So gut war ich.

Ordne die Oberbegriffe den Unterbegriffen zu.

Oberbegriffe: Gewürze, Tätigkeiten, Besteck, Küchengeräte

a) ______________________________: Messer, Gabel, Löffel

b) ______________________________: Pfeffer, Salz, Oregano

c) ______________________________: Mixer, Rührgerät, Backofen

d) ______________________________: backen, kochen, spülen

347 a) richtig; **b)** richtig; **c)** falsch; **d)** falsch; **e)** richtig; **f)** richtig

348 a) Besteck; **b)** Gewürze; **c)** Küchengeräte; **d)** Tätigkeiten

349 ●○○ Was passt am besten?

So gut war ich.

Kreuze an, was auf alle Gegenstände zutrifft.

a) Regenschirm, Sonnenhut, Sonnenschirm

- Kleidungsstücke
- Wetterschutz
- Sonnenschutz

b) Mineralwasser, Orangensaft, Limonade

- Erfrischungen
- lecker
- Getränke

c) Schiff, Flugzeug, Bus

- Autos
- Transportmittel
- Dampfer

d) Baum, Blume, Busch

- Pflanzen
- Blüten
- Hecken

e) Englisch, Französisch, Mathematik

- Fächer
- Sprachen
- Länder

350 ●○○ Alle gehören zusammen

So gut war ich.

Ordne die Begriffe in die Tabelle ein.

Barsch, Amsel, Elster, Hund, Hai, Pferd, Spatz, Schlange, Krokodil, Kuh, Eidechse, Schaf, Aal, Rochen, Kolibri, Schildkröte

Vögel	Reptilien	Säugetiere	Fische

349 a) Wetterschutz; **b)** Getränke; **c)** Transportmittel; **d)** Pflanzen; **e)** Fächer
350 Vögel: Amsel, Elster, Spatz, Kolibri; **Reptilien:** Schlange, Krokodil, Eidechse, Schildkröte;
Säugetiere: Hund, Pferd, Kuh, Schaf; **Fische:** Barsch, Hai, Aal, Rochen

351 ●●○ Einen Oberbegriff finden

So gut war ich.

Finde für jeden Unterbegriff einen passenden Oberbegriff.

a) Flasche, Tasse, Kanister, Fass sind ______________________.

b) Hose, Jacke, Socken, Hemd sind ______________________.

c) See, Meer, Fluss sind ______________________.

d) Karla, Bert, Carmen sind ______________________.

e) Müller, Meier, Schulz sind ______________________.

f) Handball, Fußball, Volleyball sind ______________________.

g) Masern, Röteln, Lungenentzündung sind ______________________.

h) Jojo, Puppe, Stofftier sind ______________________.

352 ●●○ Unterbegriffe finden

So gut war ich.

Finde nun zu jedem Oberbegriff drei passende Unterbegriffe.

a) Zeitmesser

____

b) Städte

____

c) Bäume

____

d) Schreibgeräte

____

351 So könnte deine Lösung aussehen: **a)** Flüssigkeitsbehälter; **b)** Kleidungsstücke; **c)** Gewässer; **d)** Vornamen; **e)** Nachnamen; **f)** Mannschaftssportarten; **g)** Krankheiten; **h)** Spielzeuge

352 So könnte deine Lösung aussehen: **a)** Armbanduhr, Sanduhr, Sonnenuhr; **b)** Berlin, München, Hamburg; **c)** Eiche, Buche, Linde; **d)** Füller, Bleistift, Kugelschreiber

353 ●●○ Wer sammelt was?

So gut war ich.

Die Schüler der 6c haben ein gemeinsames Hobby: das Sammeln. Auf dem Schulhof unterhalten sie sich darüber. Da es aber sehr laut ist, geht die Hälfte des Gesprächs im Lärm unter. Weißt du, worüber sie reden?

a) Petra sammelt ____________________. Sie hat schon einen Karokönig, eine Pikdame und einen Kreuzbuben.

b) Andreas sammelt ____________________. Er hat schon zwei Fußbälle, einen Basketball und einen Volleyball.

c) Johannes sammelt ____________________. Er hat schon zwei Teddys und einen Stoffhund.

d) Jeremy sammelt ____________________. Er hat schon drei Trommeln, eine Pauke und zwei Congas.

e) Fred sammelt ____________________. Er hat schon zwei Mountainbikes, ein Geländefahrrad und ein Einrad.

f) Klaus sammelt ____________________. Er hat schon einen Lkw und zwei Pkw.

354 ●●● Denk mal …

So gut war ich.

Ergänze das fehlende Wort.

a) Apfel verhält sich zu Obst wie Kohl zu ____________________.

b) Argentinien verhält sich zu Amerika wie Frankreich zu ____________________.

c) Amsel verhält sich zu Vogel wie Hai zu ____________________.

d) Geige verhält sich zu Streichinstrument wie Trompete zu ____________________.

e) Ulme verhält sich zu Baum wie Tulpe zu ____________________.

353 a) Spielkarten; **b)** Bälle; **c)** Stofftiere; **d)** (Schlag)Instrumente; **e)** Fahrräder; **f)** (Spielzeug)Autos

354 a) Gemüse; **b)** Europa; **c)** Fisch; **d)** Blasinstrument; **e)** Blume

355 ●○○ Wo ist der Satz zu Ende?

So gut war ich.

Markiere das Satzende durch einen Punkt.

Klaus geht heute nicht zur Schule Er liegt krank im Bett Seit gestern Abend hat Klaus Fieber Vielleicht hat er die Grippe, die einige Kinder aus seiner Klasse in der letzten Woche hatten Klaus langweilt sich Wenn man krank ist, kann man weder lesen noch fernsehen, da man Kopfschmerzen hat Klaus schläft viel und hofft, dass er bald wieder gesund ist

356 ●●○ Viel zu lang

So gut war ich.

Teile den Text in einzelne Sätze auf.

Benny ist ein Golden Retriever und seit zwei Jahren mein Begleiter ich habe ihn bekommen, als er gerade ein halbes Jahr alt war er hat also noch viele Jahre vor sich, denn die Lebenserwartung eines Golden Retrievers liegt bei etwa fünfzehn Jahren ursprünglich stammen Golden Retriever aus Großbritannien sie sind besonders intelligent und deshalb werden sie als Apportier- oder Jagdhunde verwendet

355 Klaus geht heute nicht zur Schule. Er liegt krank im Bett. Seit gestern Abend hat Klaus Fieber. Vielleicht hat er die Grippe, die einige Kinder aus seiner Klasse in der letzten Woche hatten. Klaus langweilt sich. Wenn man krank ist, kann man weder lesen noch fernsehen, da man Kopfschmerzen hat. Klaus schläft viel und hofft, dass er bald wieder gesund ist.

356 Benny ist ein Golden Retriever und seit zwei Jahren mein Begleiter. Ich habe ihn bekommen, als er gerade ein halbes Jahr alt war. Er hat also noch viele Jahre vor sich, denn die Lebenserwartung eines Golden Retrievers liegt bei etwa fünfzehn Jahren. Ursprünglich stammen Golden Retriever aus Großbritannien. Sie sind besonders intelligent und deshalb werden sie als Apportier- oder Jagdhunde verwendet.

357 ●○○ Richtig oder falsch?

So gut war ich. ☺ 😐 ☹

Entscheide, ob die Aussagen richtig oder falsch sind.

a) Anführungszeichen werden nur oben gesetzt.

richtig ● falsch ●

b) Anführungszeichen werden am Anfang unten und am Ende oben gesetzt.

richtig ● falsch ●

c) Anführungszeichen werden am Anfang oben und am Ende unten gesetzt.

richtig ● falsch ●

d) Anführungszeichen kennzeichnen die wörtliche Rede.

richtig ● falsch ●

e) Anführungszeichen verwendet man, wenn man etwas markieren will.

richtig ● falsch ●

358 ●●○ Streit unter Geschwistern

So gut war ich. ☺ 😐 ☹

In diesem Gespräch fehlen alle Anführungszeichen. Ergänze sie.

Mama , ruft Johannes, Claudia hat meinen Schrank durchwühlt. Claudia brüllt wütend dazwischen: Johannes hat im Badezimmer in meiner Kulturtasche herumgeschnüffelt. Dann schreit Johannes: Und was hat Claudia in meinen Fußballsachen zu suchen? Und wieso versteckt Johannes meine Reitstiefel? , meckert Claudia. Beruhigt euch doch bitte erst einmal, sagt da die Mutter. Ich höre euch sowieso nicht zu, solange ihr schreit und brüllt.

357 a) falsch; **b)** richtig; **c)** falsch; **d)** richtig; **e)** falsch

358 „Mama", ruft Johannes, „Claudia hat meinen Schrank durchwühlt." Claudia brüllt wütend dazwischen: „Johannes hat im Badezimmer in meiner Kulturtasche herumgeschnüffelt." Dann schreit Johannes: „Und was hat Claudia in meinen Fußballsachen zu suchen?" „Und wieso versteckt Johannes meine Reitstiefel?", meckert Claudia. „Beruhigt euch doch bitte erst einmal", sagt da die Mutter. „Ich höre euch sowieso nicht zu, solange ihr schreit und brüllt."

So gut war ich.

359 ●○○ Ich packe meinen Koffer I

Auf Jens' Geburtstagsfeier spielen alle das Spiel *Ich packe meinen Koffer*. Dabei geht es darum, sich alle Gegenstände zu merken, die die Mitspieler in ihre Koffer packen. Wenn man selbst an der Reihe ist, wiederholt man alle Gegenstände und ergänzt einen weiteren. Derjenige, der die Reihenfolge durcheinanderbringt oder einen Gegenstand vergisst, ist raus. Setze die Kommas.

Jens: Ich packe in meinen Koffer: ein Buch.

Karin: Ich packe in meinen Koffer: ein Buch und einen Kamm.

Gerda: Ich packe in meinen Koffer: ein Buch einen Kamm und eine Bürste.

Bert: Ich packe in meinen Koffer: ein Buch einen Kamm eine Bürste und einen Föhn.

Anja: Ich packe in meinen Koffer: ein Buch einen Kamm eine Bürste einen Föhn und eine Zeitung.

Helge: Ich packe in meinen Koffer: ein Buch einen Kamm eine Bürste einen Föhn eine Zeitung und eine Flasche Wasser.

Richard: Ich packe in meinen Koffer: ein Buch einen Kamm eine Bürste einen Föhn eine Zeitung und eine Flasche Saft.

Jens Karin Gerda Bert Anja und Helge rufen: „Du bist raus, Richard!“

So gut war ich.

360 ●●○ Was packst du in deinen Koffer? II

Packe du nun auch deinen Koffer und achte darauf, dass du die Dinge, die du aufzählst, mit einem Komma voneinander trennst.

359 Wenn kein **und** zwischen den Gegenständen steht, wird ein Komma gesetzt. Das gilt auch für die Namen im letzten Satz.

361 ●○○ Sätze am Stück

So gut war ich.

Mehrere aufeinanderfolgende Hauptsätze können durch einen Punkt oder durch ein Komma voneinander getrennt werden. Unterstreiche in jeder Zeile den zweiten Hauptsatz.

a) Anja spielt Flöte, Johannes spielt Klavier.

b) Die Kinder werden leiser, der Unterricht beginnt.

c) Ute freut sich auf Weihnachten, Hans mag Ostern lieber.

d) Wiebke kennt sich in Stuttgart nicht aus, sie kommt aus Hamburg.

e) Anna-Maria mag Hunde, sie hat aber trotzdem keinen Hund.

f) Petra macht Hausaufgaben, Pia ist schon damit fertig.

g) Sonja zieht sich warm an, sie geht nach draußen.

h) Jessica liebt Blumen, sie kauft gerade einen Strauß.

i) Marc liest, sein Bruder hört Musik.

362 ●○○ Aus eins mach zwei!

So gut war ich.

Mache aus den beiden Hauptsätzen der Satzreihe zwei einzelne Sätze.

a) Josef geht einkaufen, Sybille deckt den Tisch.

____

____

b) Jan spielt Fußball, Torben rudert im Verein.

____

____

361 Nach dem Komma beginnt immer der neue Hauptsatz.
362 a) Josef geht einkaufen. Sybille deckt den Tisch. **b)** Jan spielt Fußball. Torben rudert im Verein.

363 ●●○ Satzschlange

So gut war ich.

Der folgende Satz besteht aus vielen Sätzen. Finde heraus, wo die einzelnen Sätze enden und schreibe sie auf.

Konstanze schlenderte unachtsam den Gehweg entlang, da stolperte sie auch schon über einen Gegenstand, sie fiel und verletzte sich, der Krankenwagen kam, er brachte sie in das nächstgelegene Krankenhaus, dort wurde sie behandelt.

364 ●●○ Aus zwei mach eins!

So gut war ich.

Verbinde die zwei kurzen Sätze zu einem, indem du ein Komma an die richtige Stelle setzt.

a) Kerstin macht Judo. Lars macht Karate.

b) Jenny liest Krimis. Verena mag Liebesgeschichten.

c) Karin macht Pizza. Pat backt einen Kuchen.

363 Konstanze schlenderte unachtsam den Gehweg entlang. Da stolperte sie auch schon über einen Gegenstand. Sie fiel und verletzte sich. Der Krankenwagen kam. Er brachte sie in das nächstgelegene Krankenhaus. Dort wurde sie behandelt.

364 a) Kerstin macht Judo, Lars macht Karate. **b)** Jenny liest Krimis, Verena mag Liebesgeschichten. **c)** Karin macht Pizza, Pat backt einen Kuchen.

365 ●○○ Was weißt du über den Nebensatz?

So gut war ich.

Kreuze die richtigen Aussagen an.

a) Nebensätze sind Hauptsätze, die neben anderen Hauptsätzen stehen.

b) Nebensätze werden durch ein Komma vom Hauptsatz abgetrennt.

c) Nebensätze werden durch ein Komma von anderen Nebensätzen abgetrennt.

d) Nebensätze sind unwichtig.

e) Bei Nebensätzen steht das konjugierte Verb am Ende.

f) Nebensätze werden durch einen Punkt vom Hauptsatz abgetrennt.

g) Nebensätze können nicht allein stehen.

h) Nebensätze sind mit einer Konjunktion mit anderen Sätzen verbunden.

366 ●●○ Da fehlt was

So gut war ich.

Ergänze den Hauptsatz um einen Nebensatz.

a) Ina bleibt heute zu Hause, da ______________________________.
(sich krank fühlen)

b) Johanna räumt auf, obwohl ______________________________.
(keine Lust haben)

c) Jennifer kam nach Hause, als ______________________________.
(Gerd: Küche putzen)

d) Julia beeilt sich, damit ______________________________.
(nicht zu spät kommen)

e) Frederik hofft, dass ______________________________.
(das Spiel gewinnen)

f) Alina geht, weil ______________________________.
(die Party nicht gefallen)

365 Richtig sind die Aussagen **b), c), e), g), h).**
366 So könnte deine Lösung aussehen:
a) Ina bleibt heute zu Hause, da sie sich krank fühlt. **b)** Johanna räumt auf, obwohl sie keine Lust hat.
c) Jennifer kam nach Hause, als Gerd die Küche putzte. **d)** Julia beeilt sich, damit sie nicht zu spät kommt.
e) Frederik hofft, dass er das Spiel gewinnt. **f)** Alina geht, weil ihr die Party nicht gefällt.

367 ●●○ Erkenne den Nebensatz

So gut war ich. ☺ 😐 ☹

Unterstreiche den Nebensatz.

a) Im Sommer ist es heiß, sodass viele Menschen ins Schwimmbad gehen.

b) Weil das Wetter so schön ist, gehen viele Menschen ins Schwimmbad.

c) Obwohl es regnet, sind heute viele Menschen draußen.

d) Es regnet, sodass die meisten Menschen nach Hause gehen.

e) Es ist der Regen, der die Menschen nach Hause treibt.

368 ●●○ Die Verbindung finden

So gut war ich. ☺ 😐 ☹

Unterstreiche die Konjunktion, die den Hauptsatz mit dem Nebensatz verbindet.

Thore ruft bei seinem Freund an, weil er mit ihm spielen möchte. Marius bleibt zu Hause, weil er auf einen Anruf wartet. Karla beeilt sich, damit sie den Bus noch bekommt. Anke schreibt, bis ihr die Finger glühen. Meine Schwester will sich ein Schiff kaufen, obwohl sie seekrank ist.

369 ●●○ Das konjugierte Verb finden

So gut war ich. ☺ 😐 ☹

Unterstreiche das konjugierte Verb des Nebensatzes.

(a) Norbert macht sich Sorgen, obwohl er das nicht müsste. **(b)** Sonja lernt, obwohl sie den Stoff längst beherrscht. **(c)** Katja ruft ihren Hund, damit er kommt. **(d)** Christoph spielt Tischtennis, als seine Mutter ihn ruft. **(e)** Hanna geht dort spazieren, wo die Krokusse blühen. **(f)** Berta fand einen seltenen Edelstein, als sie in Nordengland in Urlaub war.

367 a) …, sodass viele Menschen ins Schwimmbad gehen. **b)** Weil das Wetter so schön ist, …
c) Obwohl es regnet, … **d)** …, sodass die meisten Menschen nach Hause gehen.
e) …, der die Menschen nach Hause treibt.

368 Thore ruft bei seinem Freund an, weil er mit ihm spielen möchte. Marius bleibt zu Hause, weil er auf einen Anruf wartet. Karla beeilt sich, damit sie den Bus noch bekommt. Anke schreibt, bis ihr die Finger glühen. Meine Schwester will sich ein Schiff kaufen, obwohl sie seekrank ist.

369 (a) müsste. **(b)** beherrscht. **(c)** kommt. **(d)** ruft. **(e)** blühen. **(f)** war.

370 ●●○ Zerteilt

So gut war ich. ☺ 😐 ☹

Zerteile die Sätze, indem du die Kommas an die richtigen Stellen setzt.

Tobias macht keine Hausaufgaben weil er lieber spielen möchte.

Manuel beeilt sich damit er seine Oma besuchen kann.

Rolf führt den Hund spazieren der ihn schon einmal gebissen hat.

Kati lässt sich nicht aus der Ruhe bringen obwohl es schon so spät ist.

Thorsten hofft dass morgen endlich das Paket ankommt.

Christopher spielt Saxophon als es an der Tür klingelt.

Weil das Saxophon so laut ist hört Christopher die Klingel nicht.

371 ●●○ Eingeflickt

So gut war ich. ☺ 😐 ☹

Nicht immer stehen Hauptsatz und Nebensatz nebeneinander. Oft wird der Hauptsatz getrennt und der Nebensatz eingeschoben. Dieser wird dann mit zwei Kommas vom Hauptsatz abgetrennt. Unterstreiche den Nebensatz.

Peter kommt, da es ihm heute zu heiß ist, erst später zur Grillparty.

Anja sieht den Baum, von dem sie letztes Jahr Äpfel geerntet hat, vor ihrem Fenster.

Carina hat, obwohl sie eigentlich keine Zeit hat, die Wohnung geputzt.

Andrea kocht, als ihr Mann nach Hause kommt, gerade eine Suppe.

Josefine ruft, damit es auch ja alle hören, laut aus dem Fenster.

Ralf liebt, obwohl er fast taub ist, noch immer die Musik.

370 Tobias macht keine Hausaufgaben, weil er lieber spielen möchte. Manuel beeilt sich, damit er seine Oma besuchen kann. Rolf führt den Hund spazieren, der ihn schon einmal gebissen hat. Kati lässt sich nicht aus der Ruhe bringen, obwohl es schon so spät ist. Thorsten hofft, dass morgen endlich das Paket ankommt. Christopher spielt Saxophon, als es an der Tür klingelt. Weil das Saxophon so laut ist, hört Christopher die Klingel nicht.

371 Peter kommt, da es ihm heute zu heiß ist, erst später zur Grillparty. Anja sieht den Baum, von dem sie letztes Jahr Äpfel geerntet hat, vor ihrem Fenster. Carina hat, obwohl sie eigentlich keine Zeit hat, die Wohnung geputzt. Andrea kocht, als ihr Mann nach Hause kommt, gerade eine Suppe. Josefine ruft, damit es auch ja alle hören, laut aus dem Fenster. Ralf liebt, obwohl er fast taub ist, noch immer die Musik.

372 ●●○ Hauptsatz, Nebensatz

So gut war ich. ☺ 😐 ☹

Bilde aus den vorgegebenen Satzfetzen zwei Sätze nach dem Muster *Hauptsatz, Nebensatz*.

obwohl/Kerstin geht ins Training/Anna beeilt sich/weil/sie keine Lust hat/es regnet

---

---

373 ●●○ Nebensatz, Hauptsatz

So gut war ich. ☺ 😐 ☹

Bilde aus den vorgegebenen Satzfetzen zwei Sätze nach dem Muster *Nebensatz, Hauptsatz*.

Karsten wünscht sich neue Fußballschuhe/da/in einer Band spielen will/weil/seine alten zu klein sind/Kai lernt Schlagzeug

---

---

374 ●●● Hauptsatz, Nebensatz, Hauptsatz

So gut war ich. ☺ 😐 ☹

Bilde aus den vorgegebenen Satzfetzen zwei Sätze nach dem Muster *Hauptsatz, Nebensatz, Hauptsatz*.

Paul/kann/er ihr bei den Hausaufgaben hilft/Tina ruft/damit/Jens an/gut Skateboard fahren/obwohl er wenig übt

---

---

372 Kerstin geht ins Training, obwohl sie keine Lust hat. Anna beeilt sich, weil es regnet.
373 Weil seine alten zu klein sind, wünscht sich Karsten neue Fußballschuhe. Da er in einer Band spielen will, lernt Kai Schlagzeug.
374 Paul kann, obwohl er wenig übt, gut Skateboard fahren. Tina ruft, damit er ihr bei den Hausaufgaben hilft, Jens an.

375 ●●● Mit Punkt, aber ohne Komma

So gut war ich.

Setze die Kommas.

Laura macht Ferien auf dem Bauernhof denn Laura mag die frische Landluft die Tiere und die Arbeit im Stall. Laura geht obwohl es dort nicht besonders gut riecht gerne zu den Kühen. Sie hält sich dort ganz besonders gerne auf wenn die Kühe Kälbchen haben. Manche Kälbchen lassen sich sogar streicheln damit sie Laura die Hand abschlecken können. Nachdem die Arbeit im Stall getan ist macht Laura ausgiebige Spaziergänge. Wenn sie die Wege entlanggeht kann sie oft brütende Vögel sehen die aber scheu davonfliegen. Ein Tag auf dem Bauernhof ist aber auch anstrengend sodass Laura abends müde ins Bett fällt. Sie freut sich aber auf den nächsten Tag da es auf einem Bauernhof nie langweilig wird. Damit Laura im nächsten Jahr wieder Ferien auf dem Bauernhof machen kann fängt sie jetzt schon an zu sparen. Sie hofft dass sie auch noch Geld von ihren Großeltern für die nächsten Ferien bekommt.

376 ●●● Zukunftspläne

So gut war ich.

Lass dir den folgenden Text von jemandem diktieren.

Ralf, Tobias, Christiane und Linda gehen gemeinsam in eine Klasse. Sie erzählen sich, was sie später werden wollen und was sie jetzt schon dafür tun. Damit er später Polizist werden kann, übt sich Ralf jetzt schon im Lesen von Fingerabdrücken. Tobias hingegen zählt regelmäßig sein Taschengeld, damit er später ein guter Bankkaufmann wird. Christiane möchte Kraftfahrzeugmechanikerin werden, sodass sie sich sehr für Autos interessiert. Linda, die schon immer sehr kreativ war, möchte Malerin werden. Weil es so schön ist, sich die Zukunft vorzustellen, träumen alle Kinder noch ein bisschen weiter.

375 Laura macht Ferien auf dem Bauernhof, denn Laura mag die frische Landluft, die Tiere und die Arbeit im Stall. Laura geht, obwohl es dort nicht besonders gut riecht, gerne zu den Kühen. Sie hält sich dort ganz besonders gerne auf, wenn die Kühe Kälbchen haben. Manche Kälbchen lassen sich sogar streicheln, damit sie Laura die Hand abschlecken können. Nachdem die Arbeit im Stall getan ist, macht Laura ausgiebige Spaziergänge. Wenn sie die Wege entlanggeht, kann sie oft brütende Vögel sehen, die aber scheu davonfliegen. Ein Tag auf dem Bauernhof ist aber auch anstrengend, sodass Laura abends müde ins Bett fällt. Sie freut sich aber auf den nächsten Tag, da es auf einem Bauernhof nie langweilig wird. Damit Laura im nächsten Jahr wieder Ferien auf dem Bauernhof machen kann, fängt sie jetzt schon an zu sparen. Sie hofft, dass sie auch noch Geld von ihren Großeltern für die nächsten Ferien bekommt.

377 ●●○ Der Umzug

So gut war ich.

Ergänze die Lücken im Text mit einer passenden Apposition.

Unser Nachbar, ein kleiner, freundlicher Mann, begrüßte mich.

a) Der Umzugswagen, ______________________________,
stand den ganzen Nachmittag vor der Haustür.

b) Die Umzugshelfer, ______________________________,
arbeiteten den ganzen Tag.

c) Olaf, ______________________________, half auch beim Umzug mit.

d) Die Schillerschule, ______________________________, ist zum Glück nur wenige Fußminuten entfernt.

378 ●●○ Der Komma-Trick

So gut war ich.

Partizipgruppen kann man mit einem Komma vom Rest des Satzes abtrennen, damit man den Satz besser versteht. Setze bei jedem Satz zwei Kommas.

Stefan lief, freudig singend, die Straße entlang.

a) Carsten vor Schreck erstarrt wagte, sich wieder zu bewegen.

b) Antonia vor Leben sprühend begeisterte alle.

c) Die Zuschauer vor Begeisterung jubelnd applaudieren immer noch.

d) Emma vor Eifersucht rasend machte Alexander Vorwürfe.

e) Otto vor Müdigkeit gähnend entschloss sich, ins Bett zu gehen.

f) Torsten vor Freude lachend umarmte Falk.

377 So könnte deine Lösung aussehen: **a)** ein gelber Lkw; **b)** drei Männer der Umzugsfirma; **c)** ein Freund meines Vaters; **d)** meine neue Schule

378 a) Carsten, vor Schreck erstarrt, wagte, sich wieder zu bewegen. **b)** Antonia, vor Leben sprühend, begeisterte alle. **c)** Die Zuschauer, vor Begeisterung jubelnd, applaudieren immer noch. **d)** Emma, vor Eifersucht rasend, machte Alexander Vorwürfe. **e)** Otto, vor Müdigkeit gähnend, entschloss sich, ins Bett zu gehen. **f)** Torsten, vor Freude lachend, umarmte Falk.

379 ●○○ Anreden und Ausrufe

So gut war ich.

(a) „Du, sag mal ...“
Anreden trennt man mit einem Komma vom Rest des Satzes ab.
Setze die fehlenden Kommas in folgenden Sätzen.

- Sehr geehrter Herr Müller

  ich freue mich sehr, mit Ihnen Geschäfte zu machen.

- Heike kannst du bitte mal kommen?

- Lieber Horst

  endlich habe ich Zeit, dir zu schreiben.

(b) „Ach, ist das schön!“
Das Komma steht auch bei Ausrufen. Setze auch hier die fehlenden Kommas.

Ach das ist aber schön.

Oh da bin ich aber erstaunt.

Ah tut das weh!

Igitt ist das eklig!

380 ●○○ Letzte Worte

So gut war ich.

Wo fehlt das Komma?

Wenn ein Buch zu Ende geht

und ein letztes Wort dort steht,

setze ich ein Komma noch.

Ach was hab gelernt ich doch!

379 (a) - Sehr geehrter Herr Müller, ich freue mich sehr, mit Ihnen Geschäfte zu machen.
- Heike, kannst du bitte mal kommen?
- Lieber Horst, endlich habe ich Zeit, dir zu schreiben.

(b) Ach, das ist aber schön. Oh, da bin ich aber erstaunt. Ah, tut das weh! Igitt, ist das eklig!

380 Das Komma fehlt hinter dem **Ach**.